六甲占抄

付 孔明神卦

鈴木 禮 著

東洋書院

はじめに

随分と先行きが不透明な時代になってきました。

この先どうなるのか不安に感じられる方も少なくないと思います。将来の見通しを立てることが本当に難しい世の中になり、まさに一寸先は闇といった様相で安穏としてはいられないと実感しています。

浅薄な考えで場当たり的に人生航路の舵を取るのは思わぬ所で暗礁に乗り上げるような危うさを孕んでいますが、特に昨今の時代においてはそのような操舵は危険極まりないことでしょう。ですが、暗闇の中で光を照らし、暗礁のごとき思いがけない災いを未然に予見する有用な手立てがあるとするならば、それこそ占いだといえるでしょう。

占いは天文学・暦・政《まつりごと》・宗教などと深い関わりがあり、人類の歴史とともに歩んできましたが、時代とともに末席に追いやられているように思います。

現代のような不安定な時代においてこそ占いは、人生の波を乗り越えていくための叡智であり、頼もしい補佐役となってくれます。つくづく重要性を感じずにはいられません。

本書は、陰陽道の占法である六壬神課の姉妹占術であり、賀茂氏勘解由小路家の「六甲占抄」という秘伝の占術を紹介したものです。

この「六甲占抄」は、阿部泰山先生の「天地人三盤六甲霊占」という名で著したものに手を加えていますが、阿部先生は高尚で趣のある表現を巧みに用いられるので、格調高い文を現代風に変えるのに頭を悩ませました。

阿部先生も述べておられますが、この占いは容易に習得できますが、安易な遊び感覚で占うのは良くありません。この六甲霊占は神聖な占いですので誠心誠意をもって占う姿勢が大切です。精神を集中することによって神示を得ることができ、正しい占断ができるのです。

六甲霊占は扱いやすく、習得するのにもさほど時間を要しませんので、人生のさまざまな場面で迷う時、岐路に直面した時、大いに活用いただけると幸いです。

凡愚な私の質問に碩学の一端を示してくださり、お忙しい中にもかかわらずご教示くださった東海林先生、いつも貴重な助言をくださる浜田先生に感謝を申し上げます。

目　次

六甲占抄

孔明神卦

六甲占抄

六甲占抄とは

六甲占抄はおそらく、陰陽道の一門である賀茂氏勘解由小路家が室町時代ごろに著したのではないかといわれています。勘解由小路家は暦道を司る一族でしたが、時代とともに徐々に衰退していき、安倍氏土御門家が暦道を引き継ぐ形となっていきました。

六甲占抄は賀茂氏勘解由小路家の当主が子息に伝授した際の講義録らしく、正確な作者、成立年は不明で、平安時代の陰陽家の滋岳川人が著した『新撰六旬集』や『六甲』の補足的な内容もあり、断片的ですが、安倍晴明の『占事略決』のような陰陽道の占法の解説書でもあるようです。

「六甲占」とは六壬神課の通称ですが、「抄本」は原本となるものから一部分を抜き出した本の意味がありますから、六甲占抄は六壬神課の一部分を抽出した抄本ともいえるでしょう。

この六甲占抄を昭和二十九年に阿部泰山先生が『天地人三盤六甲霊占』という名で出版しており、他の追随を許さない非常に優れた内容でありました。

類い稀な占術で、恐るべき的中率だと阿部先生も言っておられたようです。

本書は、阿部泰山先生の天地人三盤六甲霊占を基に現代風に手を加えています。

六甲占抄は、六壬神課の簡易版的な占術であり、大した時間を要せずに占うことができます。

六壬神課を一朝一夕で習得するのは容易なことではありませんが、六甲占抄は至って簡単な占術ですので、難解な知識や練習を積む必要はなく、十干・十二支を使い、天地人の三盤を作成することができれば、たやすく吉凶を導き出し、判断することが可能なのです。占断に苦慮することもなく明確に占うことができるのも強みといえるでしょう。

四柱推命、六壬神課、断易などの占術のように十干・十二支を多様多彩に使いこなす必要がなく、東洋占術の入門者でも扱いやすい占術でありますので、日々の生活や人生の指針として役立てていただければと存じます。

天干地支と五行

五行について

五行は木・火・土・金・水の運行のことをいいます。五行は天地の万物の生成変化を象徴するものです。

天干について

天干は十干のことで天を表す五行です。天干は気であり、空間を表しています。

甲	乙	丙	丁	戊	己	庚	辛	壬	癸
陽木	陰木	陽火	陰火	陽土	陰土	陽金	陰金	陽水	陰水

地支について

地支は十二支のことで地を表す五行です。地支は物質であり、時間を表しています。

子	丑	寅	卯	辰	巳	午	未	申	酉	戌	亥
陽水	陰土	陽木	陰木	陽土	陰火	陽火	陰土	陽金	陰金	陽土	陰水
北	東北	東北	東	東南	東南	南	西南	西南	西	西北	西北

この天干と地支を、天地間の生成変化の五つの働きの象徴である「木・火・土・金・水」の五行の活動の仕組みに従って、天・地・人の三盤を作成します。

天地人三盤の造り方

天盤　地盤　人盤
戊　子　申

この占術は天地盤の作成が柱になります。天盤には十干を配し、地盤・人盤には十二支を配します。天干（十干）・地支（十二支）・地支（十二支）の三段を天盤・地盤・人盤と称して盤を作成します。

地盤の作成（鑑定時刻の地支）

作成にあたり、まずは地盤に占う時刻の地支を配します。占う時刻の地支というのは、自分で占う時刻、あるいは相談者を鑑定する時の時刻の地支のことをいいます。時刻の地支は一刻ごとに二時間刻みになっています。鑑定時刻は占いの占機であるとみて重視します。地盤の時刻地支を柱にして天盤を決め、人盤にも加えることになっています。次に示すのが地盤になります。

①子　陽　午後十一時から午前一時まで
②丑　陰　午前一時から午前三時まで
③寅　陽　午前三時から午前五時まで
④卯　陰　午前五時から午前七時まで
⑤辰　陽　午前七時から午前九時まで
⑥巳　陰　午前九時から午前十一時まで
⑦午　陽　午前十一時から午後一時まで
⑧未　陰　午後一時から午後三時まで
⑨申　陽　午後三時から午後五時まで
⑩酉　陰　午後五時から午後七時まで
⑪戌　陽　午後七時から午後九時まで
⑫亥　陰　午後九時から午後十一時まで

同じ時刻に二名以上鑑定する場合は、次のいずれかの方法で鑑定時刻を決めます。

1、口頭で時刻を自由に言ってもらい、これを鑑定時刻とします。また、数字を自由に決めてもらい、もし十二以上ならば十二で割り、余りの数を地支の数にします。

2、紙などに十二までの数を記し、それを引いてもらって決めます。

3、次客法といって、先客の鑑定時間が陽支であれば十二支を順に数えて四番目の地支とし、陰支であれば逆に数えて六番目の地支を次客の鑑定時刻とします。例えば、先客の時刻が午時であれば順行四位、午・未・申・酉と数えて四番目の酉刻とし、もし巳であれば逆行六位、巳・辰・卯・寅・丑・子と数えて六番目の子の時刻と決めます。

天盤の作成

占う時刻の地支を決めたら、天盤を配置します。天盤は天干（十干）のことをいいます。占う時刻の地支の上に十干の「甲」を配します。甲から順に十干を十二支に倣い配列します。

例えば占時が申時と仮定した時は、申の上に甲を配します。順番に酉は乙、戌は丙、亥は丁……となります。十二支は十二ありますが、十干は十しかないので十干の最後の癸を置いたら、また十干の始まりの甲・乙……と配置していきます。

例えば、占う時刻が午後二時としますと、午後二時の地支を求めます。午後二時の地支は未です。

この未の上に甲を配します。順番に未の上に甲、申の上に乙、酉の上に丙……という具合に、占う時刻の未を起点として、甲から順番に天干を十二支すべてに配します。地支は十二ありますが、天干は十しかないので甲……癸を配したあとにまた甲・乙を置きます。

例

（占時が申時の場合）

甲	乙	丙	丁	戊	己	庚	辛	壬	癸	甲	乙
申	酉	戌	亥	子	丑	寅	卯	辰	巳	午	未

（占時が午時の場合）

甲	乙	丙	丁	戊	己	庚	辛	壬	癸	甲	乙
午	未	申	酉	戌	亥	子	丑	寅	卯	辰	巳

（占時が亥時の場合）

甲	乙	丙	丁	戊	己	庚	辛	壬	癸	甲	乙
亥	子	丑	寅	卯	辰	巳	午	未	申	酉	戌

こうして天盤と地盤が構成できました。次に、占う内容に適している地支（十二支）を探します。

人盤の設定

占う内容に適した地支を探し、該当する地支を地盤と定め、そこから人盤を定めます。

子……金銭、出入り、貸借、希望、計画の件
丑……音信、返事、連絡の件
寅……婚姻、恋愛の件
卯……待ち人、旅行、引っ越しの件
辰……訪問、来客の件
巳……紛失、盗難の件
午……逃走、家出の件
未……謀り事、望み事の件
申……訴訟、争いの件
酉……病気の件

戌……売買の高下の件

亥……出産の件

例えば、「お金のこと」ならば地支（十二支）は子となり、この「子」を地盤と定めます。占う時刻が申の場合、地盤「子」の下に申を配します。

この「申」が人盤となるのです。

例

天盤	甲	乙	丙	丁	戊	己	庚	辛	壬	癸	甲	乙
地盤	申	酉	戌	亥	子	丑	寅	卯	辰	巳	午	未
人盤					申							

地盤子、人盤申と定まれば、同列上にある十干の戊が天盤となります。これで「戊子申」の天地人盤を作成することができました。これを次章「六甲占抄鑑定の鍵」と照らし合わせて鑑定します。

「戊子申」の項にある解説は以下のとおりです。これが鑑定結果となるのです。

1、この課は、努力と計画・戦略、すなわち智力を巡らして初めて財源を得るのです。焦って急ぐと拙い策となり上手くいきません。例えば道が悪く車の進行が遅れるがごとく途中経過が悪くても、労を惜しまず努力すれば後は必ず望んだ通りになります。

2、種々様々な人や縁と和合することにより、女性の支持者またはひそかに後援者を得るのです。急がず焦らず目的達成に力を尽くさねばなりません。

3、資金・金融いずれも小さいことは達成しますが、大きなことは成し難く、貸金の回収もまた同じです。

分かりにくいところもあるかと思いますので例を挙げてみます。

①午前十二時ごろに病気のことを占う場合、天盤はどのような鑑定内容でも甲から始まるので天干を甲から配置していきます。

天盤	甲	乙	丙	丁	戊	己	庚	辛	壬	癸	甲	乙

②午前十二時は午時なので、地盤を午から配していきます。

天盤	甲	乙	丙	丁	戊	己	庚	辛	壬	癸	甲	乙
地盤	午	未	申	酉	戌	亥	子	丑	寅	卯	辰	巳

③病気は「酉」なので、地盤を酉と定めることができます。
占う時刻が午時ですので、地盤の酉の下に人盤の「午」を置きます。

天盤	甲	乙	丙	丁	戊	己	庚	辛	壬	癸	甲	乙
地盤	午	未	申	酉	戌	亥	子	丑	寅	卯	辰	巳
人盤				午								

④「丁酉午」の盤が作成できたので、丁酉午の解説を参照します。

1、この課は、老人や小児の病にして病勢は予断を許さず充分医薬を与えて看病に専念すべきです。
表面上は苦痛は少ないように見えますが、病は次第に悪化する兆があるので、名医・良薬を選ぶことに加え、神仏への祈願を要します。

2、酉日・戌日より小康を得るのですが、病状が悪化する場合は九死に一生を得るのです。

例

午後九時三十分ごろに婚姻・恋愛について占う場合、午後九時三十分は「亥」の時刻になります。地盤は「亥」から配置します。

恋愛は「寅」になるので地盤は寅になり、地盤の寅の下に人盤の亥を配します。

天盤	甲	乙	丙	丁	戊	己	庚	辛	壬	癸	甲	乙
地盤	亥	子	丑	寅	卯	辰	巳	午	未	申	酉	戌
人盤				亥								

「丁寅亥」の盤が作成できたので、丁寅亥の解説を参照します。

1、この課を得る時は、持って生まれた因縁によって相互に助け合って成立を見るのです。申日または酉日に達成します。

2、元来この縁は因縁深くして天より自然の配合と見るのです。

3、結婚後はまるで百年に一度の幸福を得たかのように、夫婦は仲睦まじく調和し、嬉しく喜ばしいことがあり、よろしく進んで良い時期となるのです。恋愛も同様です。

例

午前八時ごろに、試験に合格できるかを占う場合、午前八時は辰で用件は未になります。

天盤	甲	乙	丙	丁	戊	己	庚	辛	壬	癸	甲	乙
地盤	辰	巳	午	未	申	酉	戌	亥	子	丑	寅	卯
人盤				辰								

三盤は「丁未辰」になり、この解説を参照します。

1、この課は、計画・望み事はいずれにしても先は困難ですが、後はたやすい課です。一人で事を成さずに共同協力者や後援者を得れば吉と化します。初めは根拠もなくあれこれ想像しますが、頭脳を使い、たゆまぬ研究・努力によって後は名利達成して大いに利益を得るのです。

2、初めは目的達成が難しく見えますが、後には状況は変化するので、根気よく努力をすることが肝要です。

例

午後二時三十分ごろに引っ越し先は問題ないかを占う場合、午後二時三十分は未で用件は卯になります。

天盤	甲	乙	丙	丁	戊	己	庚	辛	壬	癸	甲	乙
地盤	未	申	酉	戌	亥	子	丑	寅	卯	辰	巳	午
人盤									未			

三盤は「壬卯未」になり、この解説を参照します。

1、この課を得る時は、旅行・引っ越し等は平安です。

2、待ち人は来ますが、やや遅延します。

3、すべての物事を急いで進めようとすれば目的達成の可能性は低く、時期を見計らい動けば成功します。待ち人は来ようと思っていますが、到着は遅いのです。何事も時期を待つことが肝心です。

六甲占抄鑑定の鍵

甲

甲子

1、この課を得る時は天の時（運気）、地の利（良い環境）、人の和（人の協力）を得て力を合わせて協力することで、喜び事に逢うでしょう。望み事や計画していることは進んで、よろしいのです。

2、経営・ビジネスのことは意のごとく順調に進展し、望み・計画があれば後に達成します。

3、財を求め、利純を求めるならば相当の利を得ます。物質的なこと、精神的なこと、両方とも求めるならば、思うように順調に運びます。

4、営業の利益、貸借のこと、計画していること、諸々いずれもいっぺんに両得の喜びがあります。

5、財を求めるには、東南ならばいっそう希望通りになり、苦労なく必ず目的は達成します。

6、甲午日に喜び事を迎えます。

7、資金は調達可能で、貸金は回収できます。

甲丑丑

1、この課は、通信や音信を得ることは遅れますが、伝言ならばあるでしょう。例え遅くても音信は来るはずです。

2、文章関連事や書籍・書類の件は遅れたとしても手元に到着します。辰日または戌日ならば、かなりの時間を要します。庚日・申日ならば音信は必ず早く届くことに疑いありません。

甲寅寅

1、この課は、縁談にまつわることは思いがけなく順調に運びますが、とにかく金銭の出費が多い兆しがあります。この点に注意してください。

2、人の助けを借りてでも結婚することが望ましいのです。

3、この縁が成立すれば夫婦円満となり、富み栄えるに至ります。恋愛も同様です。

甲卯卯

1、この課を得る時は、兄弟・友人・仲間・同業者いずれも互いに共感しあうことができ、協力を受けられます。

2、何事も順風満帆、風に乗って進むがごとくなので、外出・旅行等はすべて目的を達し、あらゆることで得することがあるでしょう。出発してから途中にトラブルもなく、妨げは起こらず、心打ち解けて楽しい会話の中に迎えられます。

3、待ち人または音信は、いずれも求めるままに従ってくるのです。

4、訪問・会談・求財・商売いずれも吉兆となります。

甲辰辰

1、この課を得る時は、訪問しても、とにかく神経を労したり心身ともに落ち着かないのですが、互いに相手を思いやる気持ちは失わないのです。目的を達成するには紆余曲折して事は成ります。もし寅日ならばおだやかな気持ちで面接することができ、打ち解けた会話の中に互いに満足の意を表します。何事も誠意を尽くして事にあたることが重要で、遅くなったとしても焦ってはならないのです。東方または寅日に思った通りに目的成就を見るのです。

2、外出することなく在宅中に人に会い、目的は達成します。

3、待ち人は来ますが、夜間になると来る途中で引き返します。

甲巳巳

1、この課を得る時は、失せ物・盗難はいずれも家を出入りする者、すなわち家族または関係者の仕業の可能性があります（厳たる表記ですが、元文の解釈を採用しております）。急いで尋ねれば半分は取り戻すことができるかもしれませんが、遅れる時は一つとして返ってくることはないのです。また、西北に向かい、戌亥（北西の方角）で捕らえることができ、半分は回収します。騙し取られた場合も同様です。

甲午午

1、この課を得て失踪を占断すれば、初めは南方を尋ねれば消息を掴めることでしょう。または失踪者自ら現れる兆しもありますが、とにかく妨げが発生しやすいのです。

2、辰日または戌日に占断すると、何年か時が経たなければ現れず、失踪者は非常に思い悩み、苦悩の生活を送るのです。午日・未日に自ら帰ってくるか、または便りがあります。

甲未未

1、この課は、望み事・計画事があっても初めは妨げがあり、万事に疑いを生じて決断し難く、考えなくむやみに動けば失費・失財が多くして何事も効果は見られないのです。堅忍不抜の精神をもって、急がす焦らず誠意を尽くして計画すれば、後に光明を見るに至ります。

2、目的は達し難く、達成することもありますが、わずかばかりの成功でその上遅延は免れません。

甲申申

1、この課は、争訟事件は金銭のことや驚くべきようなことが原因で他人からそそのかされて発生したのです。そのほか、官災（公的機関・政府・企業に関係するトラブル）でこの課を得れば、初めは多少の行き違いや不利の形成だったとしても、次第に好転して徐々に理由が明らかになり、有利に転じて結局和解または不起訴となります。辰日・子日には自然に収まります。

2、どのような事件でも、昨日は思いやりの心を持つ者が今日は宿敵となり、他人からの入れ知恵・中傷・そそのかしが原因となるのです。要するに、はじめは凶ですが後は吉に転じます。

甲酉酉

1、この課は、老人、子供の病み患いなら快癒の見込みは少なく、老人、子供以外の病人ならば、一時思わしくない状態だとしても、古い習慣を守ることで回復するに至ります。

2、もともとの巡ってくる運気が悪いために災病が発生しやすく、失財や無駄な消耗が多いのです。

3、病は土の穢れや寺院・神社の障りに起因するために、家庭内を清掃し、神仏に祈願修法すれば病は速やかに去り、喜びに変化するのです。壬癸日には幸福を得ます。

甲戌戌

1、この課は、売買ともに成立して相当の利純を得ます。途中から年長者や目上の人の邪魔が入ることがありますが、後には意のごとく運びます。

2、丑年・寅年生まれの人や丑寅（東北）の方位はいっそう利財が厚くなります。値段は一般的な相場で売買が成立し、数量はやや多いでしょう。

3、売り買いずれに利益があるかは、その時の考えで決行すれば良いのです。

4、将来は高いか安いかを判定するならば、その時安ければ将来は高く、逆に高ければ後は安い見通しです。

5、商談がまとまるか否かをみる場合は、まとまるとして進めて可とみます。

6、手持商品の買い手がつくかつかないかを占断するならば、買い手は現れます。

7、欲している品物の売り手はいるかいないかを占えば、望めば売り手は現れます。

甲亥亥

1、この課は子供を妊娠します。その子が男女いずれか判別できないとしても、その日に初めて会話した人の言葉から男女を占い知ることができます。

2、難産をはじめ悪いことは一切起こりません。不安は杞憂に終わります。

3、子日・寅日・卯日に家庭内に喜ばしいことが起こります。

4、妊娠の有無を占う場合、将来有望な貴子を懐妊します。妊娠中は何も憂いも心配も不要です。

甲戌子

1、この課は、売買いずれによらず費用がかかり、労力を費やしても成功するのは非常に難しいです。小さな目的なら遅れて成立しますが、大きな望みは遂げ難いのです。要は慎重に計画しなければ費用損となります。未だ時期尚早で機会が到来しないのです。

2、新規の事業・目的等は見合わせるのが賢明です。

3、商談は時期尚早なので見送る方針が肝要です。

甲亥丑

1、この課は、妊娠した時は男児を産みます。しかし秀でて実らず、すなわちなかなか育ちにくいのです。もし片親なら何事もなく育つのです。そうでない時は出産後は他人に託すか、改名して引っ越しすることが良策です。もし育てることができれば、成長の後は秀才にして家門の誉れを見るのです。

甲子寅

1、この課は吉ですが、多少の滞りがあります。しかしながらよく誠意をもって努力する時は、穀物が熟する象であるので後に実を結ぶのです。財・利益を求めて賃借ともに利純があります。

2、この課は自身の運命に強く影響を受けることが多いゆえに、好運の人は苦労せず難なく利益を得ます。運勢不運に巡りあわせた人といえども財を求めれば得られるのです。多少の渋滞はありますが、後は意のごとく利益を得ます。

3、資金調達ははじめ困難ですが、後に達成します。

4、貸金回収は一部入金の見込みがあります。

甲丑卯

1、この課は、遠方からの音信は相手が煮えきらず先延ばしにする象にありますが、遅かれ早かれ音信はあるでしょう。近い所からの音信は良い内容です。すべて十日ほどの間に音信ありと見ます。もし寅日・辰日なら良い便りが家に到達します。

2、望み事・計画事の音信は十日ほどの間に良い音信があります。静かに焦らず期待して音信を待つのがよろしいです。

甲寅辰

1、この課を得る時は、早く話を進めれば必ず成立を見るのです。もし不成立の時は速やかに他に求めるのが良策です。遅い時は繰り返し頼んではならないのです。

2、結婚が成就すれば家門は栄え、夫婦末長く仲睦まじく親しみ合うのです。すべて新しいことに従うのを良しとします。恋愛も同様です。

3、この課は、媒酌人が正直で穏やかな人なら万事信頼するのがよろしいのです。もし、疑問を感じるような人であれば、突然心変わりをして成立は困難です。

甲卯巳

1、この課を得れば、遠距離・近距離いずれの旅行・外出も良好です。親しみを感じられる気の合う人と出会います。

2、新しいこと・古いこと、ともに目的は最初から最後まで貫き通すことができます。

3、待ち人や遠方からの便りはいずれも到来します。

4、旅行・出向・待ち人・音信、いずれも意に従って成立します。待ち人は道の途中まで来ていて、妨げなく来訪を見るのです。何事も古いことは新しいことに変わります。

5、明暗いずれも喜びに変化するのです。

6、旧事や再起・再会の出来事があって平穏無事です。

甲辰午

1、この課は、男女いずれによらず目上の人や身分の高い人を訪問しての会見は順調に運びます。

2、すべて当方はよろしく、主客・主従ともに順調に進み協力を得るのです。何か目標を抱いて出世を望む場合、必ず後援者や賛助者から推挙されるのです。

3、計画・望み事は自分以外の者に任せて吉に応じます。

4、目上の方への訪問は、先方が在宅しており、話し合いは有利に進行します。

5、目下・部下・生徒・後輩の者ならば来訪があります。

甲巳未

1、この課は、紛失・盗難・持ち逃げいずれも曖昧にしてはっきりし難く、まるで夢を見ているような状態です。いずれにしても動機を見つけ出して捕らえることが可能です。

2、東南の方向を探すと、卯日・辰日に見つけ出すことができます。

甲午申

1、この課は、家族が失踪し身辺は無事ですが、遠く離れた所には行かず、昔からの知り合いを頼って隠れています。多くは寺院や宗教家の住居を訪ねるのがよろしいです。

2、失踪した後は途中帰ろうと思い直しますが、帰りたくても帰れないと見るのです。早い時は無事に見つけ出すことができます。古くからの知り合いか、過去に世話になったことのある家を頼る兆しがあります。

甲未酉

1、この課は、計画・望み事に対する妨げによって労力・失費の損耗を招き、結果として目的を達成するのは難しいのです。

2、すべて的外れで間違っている状態なので、悲観に傾いて先行き達成せず、焦って上手くいかず、万事空虚に終わります。

甲申戌

1、この課を得れば訴訟事件は、先に妨げがあっても後に勝ち、和解に至ります。

2、原告となって訴える時は、相手方は偽りの訴えを起こす兆しがあって、初めは形成不利ですが、後はよろしく結局勝ちとなります。途中に和解の申し入れがありますから、受け入れる態度をもって応じるのが賢明です。ただし、過去に自ら招いた良くない行いが少なからず現在に影響を及ぼす可能性があります。その点を留意しましょう。

甲酉亥

1、この課は、身内の子供や女性の病患があって自由を得られないのです。なお、邪気・悪霊に侵されるために、家の主人も病症に罹る恐れがあります。医薬のほかに家の内外を清潔にし、神仏に祈願し香を焚き、よく信仰する時は次第に病鬼は退散します。

2、病人の生年地支の反対の方向の神社仏閣より清浄な砂を頂き、家の内外に散布するのです。生年地支から七つ目が反対の方向です。例えば子ならば午、丑ならば未、寅ならば申が七つ目です。

乙

乙丑子

1、この課は、音信がやや遅れる兆しがあります。ただし十日後には必ず遠近を問わず家に到来します。音信は良い便りなので気持ちが晴れやかになり、はっきり道筋を得ます。もしくは貴人の吉報に接して喜び事を見るのです。次の甲日を過ぎて便りがあるとします。
2、何事も悲観しないで大いに期待のできる音信です。

乙寅丑

1、この課は、恋愛・婚姻は思いがけずに成立します。結婚後はめでたいことや祝い事がますます増えて家庭は喜びにあい、夫婦は調和し睦み合います。
2、運はよろしく、順調に進んで安全の象です。何事も滞りなく平素楽しみごとが多いのです。
3、お互いに心が通じあい、夫は妻を愛し、妻は夫を敬います。
4、考えを巡らす必要なく進んでよろしく、婚約成立を望めば春風の中袖を払うがごとしです。

乙卯寅

1、この課を得れば、外出・旅行とも計画・望み事いずれも達成し、希望している面会も好感触で迎えられます。外に出かけることによって良い知らせを得ます。つまり外出することに、利得にならないことは一切ないのです。
2、外出・観光旅行等も妨げなく、穏やかな心持ちで過ごせます。まるで桃源郷を訪ねるがごとしです。

3、待ち人は遠距離・近距離を問わず来るのです。近ければ午未の刻（午前十一時〜午後三時）、遠ければ午日または未日に相手の方から来るのです。他人は自分に利益を与え、肉親なら喜びを伝えます。

乙辰卯

1、この課は、訪問して相手が目上なら和やかな雰囲気になり、目下なら仲睦み合い、上下ともに喜びが湧くのです。
2、何事も好運に進展して互いに親しくなります。多少の遅延はあっても必ず有益となります。申日・酉日や酉刻（午後五時〜午後七時）に面会を求めるとますます佳良です。
3、人を訪問する場合、相手は在宅しています。もし不在だとしても、ほどなく帰宅して面会できます。
4、待ち人は来ますが、午前中は遅れます。

乙巳辰

1、この課は、失せ物・盗難いずれを問わず覆水盆に返らずで、尋ねても手元に戻らないのです。
2、盗難・紛失いずれも南方で発見できますが、残念ながら元どおりの状態では戻りません。

乙午巳

1、この課は、失踪者は短慮で考えが浅く、第三者にそそのかされて行方をくらましたのです。すなわち人に扇動され、騙されて南方に姿を消したのです。持ち出した金品は、人が立ち入らない砂の中にあって、手元に戻ることは難しいのです。午・未の日に尋ねてみるのがよろしいでしょう。失踪の背景には、家族との不和があります。

乙未午

1、この課を得ると、望み事・計画はすぐには成立しがたいのです。とにかく二心あり、なかなか決心がつかず遂げることができません。古い習慣を守り、時期の到来を待つことを良しとします。心身ともに多方に問題があり、苦労するだけで効果を上げることが難しいのです。花が春を待って自然に咲くように、好機が訪れるのを待ちます。

2、目的は達し難く、達成するとしてもわずかばかりの成功で滞ります。

乙申未

1、この課は、訴訟・公事・官府の事業・役所関係のこと、いずれも出費が多く、事は重大となり、気持ちは重く、実入り少なくして憂いは多いのです。このような状況では目上や地位の高い人の後援を受け、知恵を借りて改善するのが良策です。しかる時は、訴訟・官事（公的・役所関係のこと）はいずれも軽くなります。

2、何事も急いで方策を練る必要があります。

乙酉申

1、この課を得て病を占断すると、病は腰より上にあたり、その上病状はますます重くなりつつあって、ほとんど全快の見込みは立たないのです。あたかも樹木の葉が枯れ落ちる象で、十中七八の微かな好転を見るのみです。

2、生まれた年の地支より五つ目の地支の方位に医師を求めると良いです。例をあげると、寅年生まれなら午（南）、子年なら辰（東南）、辰年なら戌（西北）、申年なら寅（東北）の方位です。生まれた年の地支の七つ目の地支方位の神仏に平癒祈願をすると好転の兆しをみます。

乙戌酉

1、この課は、売買交易は大いに有利に進展し、物品の思惑も大いに利純を見ます。客足は相当に付き、仕事の大中小に限らず相応の効果があらわれる時なので、時期を逃さず進展して良好です。

2、吉祥福禄の課です。吉が訪れる中、恩を仇で返されることもありますが、商いの患いで大したことではないので意に介するには及ばないのです。

3、株の思惑買いは有利です。

4、目先は持ち合いにて前途高値になります。

5、商談はまとまります。

乙亥戌

1、この課を得る時は、男児を得て母子ともに健康を保ちます。養育中に多少の難航がありますが、普段からの善行の積み重ねによって何事もなく曇りのない美しい宝珠のような子供に恵まれます。

2、喜びは寅または申の日時にあります。寅時は午前三時～午前五時、申時は午後三時～午後五時です。

乙子亥

1、この課は、財産・利益を求める場合は必ず達成します。どのようなことであれ忽然として成就を見るのです。ただし、大いに利益を上げますが多少の失費は生じるのです。

2、壬日・癸日・子日・辰日等は目的を達成します。特別に目上・貴人の後援を得ることになります。
3、財縁がなさそうに見える時でも、心機一転して計画を立てれば必ず財は得るのです。
4、資金・借入いずれも調達できます。
5、資金は、内入れ金の回収は可能です。

乙亥子

1、この課を得る時は、妊娠すれば男児が生まれます。出産は危うく心配に見えますが危険ではなく、子供を出産後は家運はいよいよ隆盛の兆しを現します。信仰している氏神家神の働きかけであるので、信仰を怠ってはいけません。壬日・癸日に子女を産むのです。

乙子丑

1、この課を得る時は、財を求めても成就しません。何事も疑いを生じ、進退を決められないのです。財を欲して、財によって食い違いを生じます。
2、財を求めても不可能に近いので、古いやり方を重んじ守るに越したことはありません。寅日ならば少しの財を得ることがあります。もし辰日なら万事虚しく終わるのです。要するに求財は遂げずに終わります。何人何事も恨まず、すべて後日にする方針にした方が良いのです。
3、資金・借入金は調達不可能にして、貸金の回収もならないのです。

乙丑寅

1、この課は、音信の有無は定まり難く、もし音信あるとすれば寅日または卯日に到達するのです。
2、音信は、良い知らせは少なく意にそぐわない内容です。
3、寅日・卯日に課を立てる時は、音信は近くに来るのです。すなわち音信は途中まで来ていると見るのです。

乙寅卯

1、この課を得れば、恋愛・結婚・婚約、大いに進んでよろしく夫婦両家ともに助け合い、春の穏やかな陽気のように相ともに喜びが湧きます。
2、樹木は春月に逢うがごとく、出逢い・恋愛・結婚はめでたく喜ばしいものとなるのが濃厚です。他人の助力援助によって順調に進むことは疑いありません。結婚後は百年先の子孫末裔まで大吉の課にして、万事進んで成立をはかれば良好です。

乙卯辰

1、この課は、旅先の目的が小さいことならば達成しますが、大きなことは願望を遂げるのは稀です。自らの運気に従わねばなりません。

2、何事も迷いがあるか、二者択一の分岐点に差しかかります。過去のことや、やめていたことを再び興す兆しがあります。

3、待ち人は来て、大小に関わらず利純を与えてくれます。または物品贈与を受ける喜びがあります。

4、面会を求める時はわずかばかり達成します。そばに美しい花があります。

乙辰巳

1、この課は、目上の位の高い人への訪問は徒労に終わり、利益なく自ら後悔に至るのです。竜頭蛇尾にして何事も初めは勢い盛んで終わりは振るわないので、他人に求めるよりも自分の力でどうにかする以外にはないのです。すべて思い切って方策を改めて時の移るのを待つのが賢明です。

2、訪問しても不在で目的は達しません。

3、来客があっても利益なく、徒労と無駄話に終始するのです。

乙巳午

1、この課は、家人による紛失・持ち逃げ・盗難に遭います。

2、失せ物は、置き場所を忘れて、どこかにしまってあります。元の所すべてを尋ねてみるのがよろしいです。失せ物や盗難はいずれも、早く捜索すれば酉日に発見するか原因が分かります。

乙午未

1、この課を得る時は、除々に縁が薄れていき、行方不明の後に発見、対面できる時期は判明しがたく、手を尽くすも見つけ出すことは不可能に近いかもしれません。西方の方角に走ったのです。

2、寅日・申日の占断であれば速やかに発見します。また寅の月日に帰ることがあります。

乙未申

1、この課は、望み事・計画は他人の力によって達成します。あたかも気高く悠然とした山々のごとく万事必ず成就を見ます。

2、計画は遅くとも必ず成功します。望み事・計画はいずれも思うように達成します。

3、目的は達成しますが、時間がかかります。

乙申酉

1、この課は、官事・公訴ともに幻のように消えてしまいますが、証拠・責任が曖昧模糊として決定し難いです。人からの援助あるいは貴人の助力を乞えば、災いは退散して危険な橋を無事に渡る象となり、心配は転じて喜びとなります。

2、すべて急いで進め、方策を採るのが有利です。

乙酉戌

1、この課は、病災は前途不安定にして生死の程もはっきりとせず、水面に銭を浮かべるがごとき難しい象なので、よほど看病に心を尽くさねばなりません。ただ回復の兆しが少しでもあるなら、天の加護を祈れば吉を得ることもあります。

乙戌亥

1、この課は、売買いずれも実利少なく損失を招きやすく、他人のために迷惑をかけられる兆しがあります。ただし本業以外の小副業ならば小利が得られます。

2、風狂い波高く長い航海は困難の課であるので、古い習慣を守って損失を防がなければなりません。

3、とにかく阻害を生じやすいために方針を変更して営利を測ることが可となります。
4、売買はともに見送るのが有利です。
5、相場は高下定まりません。
6、手持ち品は買い手がつきません。
7、相談・取引は整い難いとみます。
8、思惑は不利です。

丙

丙寅子
1、この課は、人の助力を得て必ず婚姻は成立します。夫婦はともに親しみあって結ばれます。恋愛も同様です。
2、両家とも心は同じなので、婚約すれば互いに天からの恵みと感じるほどの幸せを招き、夫婦の前途はたくさんの幸せを得るのです。ことに夫婦円満にして月天子の宮殿に住むがごとしです。恋愛も同様で互いの家族に喜んで迎えられます。
3、慶事（喜び事）は速やかに行動に移して吉なのです。

丙卯丑

1、この課は、外出・旅行・転宅等を見るに東方は吉、南方は小吉、西方は凶にして滞りがあり、北方は苦労ばかりで効果がないのです。

2、この課は、名誉と利益ともにどちらも困難にして、何事も遊びにかまけて本来の目的を忘れてしまいます。

3、待ち人は来ず、遠方の人は未だ来るべき予定がつかないのです。

4、待ち人・音信はいずれも東方ならば来るのです。外出も東方なら進んで可とします。

丙辰寅

1、この課は、目的を抱いて訪問しますと、大いに効果を上げ成就します。すべて滞りなく順調に運ぶのですが、目下の心よく思わない者に邪魔をされるか、取るに足らない人から悪い噂を立てられるのです。

2、何事も結果は憂いなく互いに親しみ、それとなく福分を得るのです。

3、目上・有力者への訪問は有利ですが、部下・目下の人ならば不利となります。

4、来訪を求めても、先方は約束を破って来ないでしょう。客は訪れるも利益はなく、もし夕刻以後ならば有利となります。

丙巳卯

1、この課は、失せ物は自ら置き忘れたことによって起きたのです。来訪者によって、起きた原因が分かります。壬（北）の地方または四方を尋ねて発見します。

2、もし盗難なら、急いで西方を探し求めれば、見つけることができます。事が遅れる場合は埋没して発見することはできないのです。

丙午辰

1、この課を得る時は、逃走者は一人でなく誰か連れており、水面の浮草のごとく定まり難い存在です。子（北）または卯（東）の地方にひっそりと隠れています。もし辰・戌（南東・西北）の方向に回れば、かえって音信があって後に発見するのです。

2、すべて家庭の不安定が原因で逃走したのです。頼りにして身を寄せる所がないのです。

丙未巳

1、この課は、望み事・計画は大いに通じ、さらに妨げがなく順調に進展します。時に陰湿な人、取るに足らない人によって生活を阻まれるような兆候があるかもしれませんが、さしたる心配はありません。

2、海中に釣り糸を垂らして珍しい魚を釣るに等しく、タイミング良く順調にうまく進んでいくのです。

3、目的・望みは最後までやり遂げることができ、円滑に運びます。

丙申午

1、この課は、度量が狭いことに端を発して訴訟や官事が起こるのです。相手も自分も同じ心情でありながら、互いに羨み妬んだことが発生の原因です。悩み苦しんでロクなことが起きません。

2、用意周到に計画を練って財の力に任せる時は万事有利に転じます。相手を軽視せず、油断なく対応することが肝要です。

丙酉未

1、この課は、病患の多くは鬼神の祟りによって罹り、寒気と高熱が往来し、酷いできものを患うこともあって、病勢は進退し悲喜こもごもあるのです。

2、祖先の霊をよく祀り、また無縁の仏に湯茶を供え供養すれば、順次病魔は退散に至ります。時刻は酉（午後5時〜午後7時）を用い、しかる時は申日・酉日より快方に向かいます。

丙戌申

1、この課は、商売・契約事はいずれも成立し、すべてが相当の利益を上げることができます。例えば東で買って西で売るという具合に売買する場合、その品物は高くなり愉快なほどの利益を得るのです。しかしながら利に乗じて後先考えず進む時は、かえって大きな船が転覆する象があるため、機を見て消極的方針をとるのを可とします。

2、前途は高くなるため買いに出るのが良いのです。

3、商談は成立し、手持ち品は買い手を求めればあるのです。

4、値上がり途中で近くに天井値が出現します。

丙亥酉

1、この課は、妊娠を占断する時は未だ判明せず、妊娠していても胎児が男女かはっきりせず、天と神仏の助けを得て思いがけない偶然によって無事に出産します。壬日・癸日に性別が判別でき、思うように運んでいきます。

2、善行を積んでいけば長く家運繁栄し団欒円満の月日を送ることができます。

3、男か女のどちらかは、壬日または癸日の最初に遭遇するのが男か女かによって占い知るのです。

丙子戌

1、この課は、財を求めても目的は達成しないのです。まるで夢で財を得るがごとく、できる限りの手立てを巡らしたとしても一つとして遂げないのです。すなわち財を求め利を願って東奔西走するとしても得難く、たとえ得ることがあっても結果は口舌苦情の種となります。

2、取るに足らない人や目下・部下の件で妨げがありますが、他人のために口喧嘩を生じ、あるいは害を招くため、万事慎重に用心しなければならないのです。

3、資金・金融はいずれも目的は成就せず、貸金も回収不可能です。

丙丑亥

1、この課は、南方より喜びの音信が来ますが、あるいは音信によって家庭内に非常に嬉しいことが訪れます。

2、南方以外の地は多少遅れる象があり、喜びの音信といえどもわずかな喜びです。

3、要するに音信によって一家の中に喜ばしいめでたいことが生じるのです。

丁

丁卯子

1、この課は、東風が吹いて枯葉が去って新葉は芽を出す、すなわち、旧事は去って新事が起こる兆なのです。

2、旅行・外出は多少の難点があります。すなわち、吉凶半々で目的は半ば達成するのです。行程の途中に渋滞・阻害が発生しやすいために進むほどではないのです。

3、待ち人や音信は来るといえども遅く、来る時はわずかですが利益となります。肉親ならばともに喜ぶようなことや、慶事の件があります。

丁辰丑

1、この課を得て貴人を訪問すれば、さっぱりと澄み切った心持ちで迎えられ、万事順調に進みます。後援を求めること、他人に依頼していること、その他いかなる目的でも達成することができます。

2、上下いずれによらず人に面接・会話する中に好機をつかむことができ、出世と利益の基になります。

3、訪問するなら在宅しています。談合の目的は有利に展開します。

4、来客を待つときは速やかに訪問があります。

丁巳寅

1、この課は、悪人に盗まれた可能性があるか、運命的に失ったのです。

2、他人の話題に端を発して捕らえることができる可能性があり、また失財・盗難等を重ねて逢う兆もあるので慎重に警戒を要します。

丁午卯

1、この課を得て家人の失踪について占断をすると、やや精神錯乱または誤解によって故郷を離れ遠くの土地に行方をくらましたのです。遠方に行く意思ですが、実際には近くにいます。人が居場所を教えてくれることがあり、壬日・癸日に発見することがあります。

2、家出して長く月日が経っているのであれば、病患に罹り苦労しているのです。

丁未辰

1、この課は、計画・望み事はいずれにしても先は困難ですが、後はたやすい課です。一人で事を成さずに共同協力者や後援者を得れば吉と化します。初めは根拠もなくあれこれ想像しますが、頭脳を使い、たゆまぬ研究・努力によって、後は名利達成して大いに利益を得るのです。
2、初めは目的達成が難しく見えますが、後には状況は変化するので、根気よく努力をすることが肝要です。

丁申巳

1、この課は、官災、訴訟事件はいずれも濡れ衣で敵により起こり、またこの事件には他人からそそのかされたことによるのもあって、ますます悩み深く、災難が重なります。財力・精神の痛みもあって内外周囲ともに和合せず、悩み苦しみ悶えますが、戌日・酉日に解決の曙光を見るのです。

丁酉午

1、この課は、老人や小児の病にして病勢は予断を許さず充分医薬を与えて看病に専念すべきです。表面上は苦痛は少ないように見えますが、病は次第に悪化する兆があるので、名医・良薬を選ぶことに加え、神仏への祈願を要します。
2、酉日・戌日より小康を得るのですが、かえって病状が悪化する場合は九死に一生を得るのです。

丁戌未

1、この課は、商売・売買いずれにしても団結することで成就し、財源を大いに得るのです。南方の取引はいっそう利純を増し、多くは女性が訪れてから変化するのです。ただし、早く矛を収めるによろしき象なので、後先考えずに進むことは慎むことを要します。値段に関して争いがありますが、後に和談して利益を見るのです。

2、売買は、高値天井に近いがゆえに売りを狙うのが良好です。手持品は売る方針がよろしく、買い手はあります。

丁亥申

1、子供を授かることが難しい課ですが、もし妊娠する時は亥日または申日に驚くことがあり、寅日に難産の上、出産するのです。

2、神仏の加護を祈り、信仰の徳によって風吹いて悪気の気を散じて産難は去るのです。出産後は、家中雲晴れて明月を仰ぐがごとく団欒し和気あいあいとなります。常日頃から信仰を大切にし、自然に染み込むようにじっくりと時間をかけて待つべきです。

丁子酉

1、この課は、財を求め得ようとするならば、速やかに努力し活動すれば目的は達成しますが、もし遅れて予定通り進まない場合は苦労するわりに効果が少ないのです。
2、先んじて人を制する象ですので、相手より前に先手を打つことを要します。
3、営業上、借財・金融関係ともに急速なら得ることができますが、とかくこれには良くない点があるので不安の状態をあらわします。

丁丑戌

1、この課は、音信は来ないのです。行き違いを生じて後から達成することもあります。
2、音信が来ることもありますが、利益と名誉が揃わず、何事も秩序が乱れるのみです。良い便りを望んでもまだ時が熟していないので、気長に待つことが重要です。

丁寅亥

1、この課を得る時は、持って生まれた因縁によって相互に助け合って成立を見るのです。申日または酉日に達成します。
2、元来この縁は因縁深くして天より自然の配合と見るのです。

3、結婚後はまるで百年に一度の幸福を得たかのように夫婦は仲睦まじく調和し、嬉しく喜ばしいことがあり、よろしく進んで良い時期となるのです。恋愛も同様です。

戊

戊辰子

1、この課は、人を面接するのに良い紹介者があるか意外な喜びがあるのです。自己を律することを忘れなければ結果、成り立たなくても人を益し、またこれによって自分も益するために、真心と誠意をもって訪問すればいかなる目的でも喜びを見るのです。急がず焦らずまた疑惑を持たないことを可とします。

2、訪問しても在否は判明せず、しかし待っていれば面接できます。良いことは目的達成しますが、嫌がることは成就せずと見ます。

3、先方はまだ道の途中にあって遅くに来るのです。

戊巳丑

1、この課は、失せ物・盗難いずれも他人のせいにより、長くかかりますが、自ら見つけるのです。

2、従業員や家を出入りする者、近隣にいる仲間の悪意によって、物を失くすことがあります。東辺を検察するのがよろしいです。他より内通または口伝えにて発見の糸口を得られます。

3、土木の下を尋ねれば大抵は確保できるのです。

戊午寅

1、この課は、失踪・逃亡者は隠れる所がなく、終日、東奔西走して心身が極度に疲労憔悴し、後悔の情もあって帰ろうにも人のために疎隔されて自由な行動が取れないのです。

2、窮して行き詰まり、のちのちに身を滅ぼすに至る兆候があり、早く悔い改めれば自ら帰ることもあり、ゆえに待つよりほか策はないのです。

戊未卯

1、この課によって望み事・計画を占断する場合、先は凶であっても後は吉に化します。万事初めは運勢未だ至らないため、効果は少なく前途不安の兆しがありますが、意志を強固にして前進すれば、たとえ途中に挫折に逢うとしても遂には成就するのです。もし辰日に占断すれば、途中憂いなくただ目的は後に達成するのみです。

2、初め困難にして、後に暖かく穏やかな春風に逢うがごとく目的は達成します。

戊申辰

1、相手に利があって我には不利となる課なので、何事も忍耐と成り行き任せに加えて持久戦で臨めば有利となります。

2、すべて遅延になることは免れないのです。努めて和解を心がけなければなりません。

戊酉巳

1、この課は、病症は不安の状態が重く経過します。女性または子供の身辺に病患は強くあらわれるのです。子日・丑日より病状は少しずつ退歩に至ります。家中の神に祈祷し、北方の医薬を用いれば次第に全快に向かいます。

戊戌午

1、この課を得る時は、売買・契約・貿易・経営・事業等いずれも心が乱れ、あるいは支障をきたして順調を欠きます。売買は利益は上がらず、契約は不履行となるため、万事見送り方針がよろしく、ひと月余りの後は小さいことならば成立し、大きな事は成立しがたいのです。大きな利益を望んでかえって損失を招くゆえ、旧を守って損耗を最小限に食い止めなければなりません。

2、売買は逆商いなら利となります。前途は不規則な持ち合いで、商談は不調となり、品物は売り手はありますが買い手はないのです。

戊亥未

1、この課は、妊娠し難く、もし妊娠しても悲喜こもごも起こります。出産は困難となりやすく、母子ともに一時は危険な状態となります。

2、胎教と養生を心がけ、早く観音を信仰して無事を祈れば奇跡を得ることができます。

戊子申

1、この課は、努力と計画・戦略、すなわち智力を巡らして初めて財源を得るのです。焦って急ぐと拙い策となり上手くいきません。例えば道路が悪く車の進行が遅れるがごとく途中経過が悪くても、労を惜しまず努力すれば後は必ず望んだ通りになります。

2、種々様々な人や縁を和合することにより、女性の支持者またはひそかに後援者を得るのです。急がず焦らず目的達成に力を尽くさねばなりません。

3、資金・金融いずれも小さいことは達成しますが、大きなことは成し難く、貸金の回収もまた同じです。

戊丑酉

1、この課は、心を悩まして音信を待つ象にして、暗に心を痛めて語ろうにも語ることができない意があります。待つ音信はまだ中途にあるので、近いうちに到達するのです。みだりに心を労することは無用の損失です。

2、音信が来れば、袖に花の香りを払うがごとく幸福を自然に迎える兆しがあり、喜びは重なり、すべて利純となって心が温まります。

戊寅戌

1、この課は、すでに心が定まっていて成立し難く、とにかく再三話し合いをして成るという兆しがあります。そのために失費・労費が生じるのです。

2、相互に了解を得て、すなわち東風が吹いて花枝に逢うごとく、めでたいことをあらわします。婚約遅延の兆しがありますが、進んで談合すれば成就を見て、相性は男女ともに非常によろしいのです。

戊卯亥

1、この課は、突然に思い立って外出または旅行をしたくなります。途中に多少の難儀に遭遇しますが、小さな災いで大したことはありません。つとめて品行を慎めば目的は達成するのです。幸い途中に妨げが起こらない時は財の喜びに逢います。

2、待ち人が来ようとして途中で変更する兆しがありますが、もし来る時は財の喜びが生じるのです。

己

己巳子

1、この課を得る時は、自宅に訪ねてきた女性が密かに盗んだ物を土の中に埋めて隠しています。速やかに近くの心当たりを尋ねれば元に戻ります。続いて似たような被害があるので、家人は油断は禁物です。

己午丑

1、この課を得るときは、心に裏表があり、恩義を忘れて逃走したのです。天の助けはありませんので急いで捜索するには及びません。しばらくしてから、自ら悟って帰って来ます。

2、初めに消息があって、後に自分で帰って来ますから捜索する必要はないのです。

己未寅

1、この課を得て計画・望みごとを占断すれば、朝夕神経をすり減らし、まるで落下流水のごとく物事が自然と衰えゆく様に似て前途多難の状態ですが、だしぬけに突然吉に変化します。すなわち悲観は変じて歓喜となります。気長に事を計画するのがよろしいのです。

2、根気よく意志強固に守って譲らず、目的達成を願えば、遅くに成就を見るのです。

己申卯

1、この課の公訴・官事・訴訟はすべて目下・部下・後輩、取るに足らない人物または女性より挑発して引き起こされた件にして、多少の波乱は生じるといえども結局は大した拡大はせず、終局を見るのです。相手を軽視せず温情をかけて解決すべき方針を採れば、必ず理由のいかんによらず打開します。

2、目下・部下・後輩・女性による直接の件でなければ、この人たちが誰かにそそのかされたか、強迫されている可能性も存在します。

己酉辰

1、この課は、病状は軽くても悲喜こもごも起こるのですが、午の月または午日にしだいに治癒の情勢となり、一歩下がって三歩進む歩調にて回復します。気長に看病静養が肝要です。

2、病状延滞するも必ず快癒するのです。

己戌巳

1、この課は、交易・商品・思惑・売買・商い等はいずれも相当の利純を得るのです。

2、軽やかに水に従って進む象で、商売は機を得て順調に進み、例えば雨晴れて天を仰いで気分爽快の状態なので、進んで吉となります。小さな妨げがありますが、意に介する必要はありません。子日・丑日はますます好調に運びます。

3、持ち合いは株価が一気に上昇する形勢にして前途は高いため、買う方針で進む方が良いです。商談は調います。

4、商品は買い手はありますが、急ぐ必要はないのです。

己亥午

1、善行を行い、徳を積む家には優れた賢子を出産し、人の道に外れた行いを重ねる家系には名を成すとも悪い評判をあげる子孫があります。要するに信仰厚くまたは陰徳を積んでいる家庭には宝玉を出して家運栄え団欒の喜びがあり、健やかな愛情をもって育て安全を守ることで吉兆を保持します。

2、この課は玉石未だ判明せず、ただ天の配剤を待つのが賢明です。運命の盛衰によって分かれるのです。

己子未

1、この課は、財を求め利を求めますが、やや不安定にして定まり難く、とにかく他人または目下・部下・後輩のために妨げが起こることがあります。万事誠意と堪え忍ぶことをもって事に当たれば、運命は開いて目的は成就します。丑日は特によろしいのです。何事も気長に根気強く目的に向かって進めば、大小を問わず財・利益は得るのです。商業上の利益は都合よく運びます。

2、取るに足らない人、目下・部下・後輩からの苦情があります。

3、資金・借入金ともに小さいことはわずかに達成しますが、大きなことは不可能です。また貸金の回収はできないのです。

己丑申

1、この課は、高い所より外を見て音信を待つ象であり、高望みをしているため、期待しているほどの魅力的な音信はないのです。音信は来なくても諦めた頃に忽然と良い音信があるのです。具体的には、福禄・喜慶事、希望に満ちた文書が到来します。

2、内外ともにすべて調い、調和に満ちた喜びに出逢います。

3、初めは色鮮やかな美しい絵画のごとく、後に忽然と文書が到達して澄み切った明瞭な慶びがあるのです。

己寅酉

1、この課は、恋愛・婚約は急に調う兆しがあり、遅い時は成立せず、とにかく他人から妨げを生じやすいです。

2、婚約するも途中、他人のために離縁の嘆きを見ることになります。よく注意することが必要です。

3、初めは互いに感情と意思が一致しないように見えますが、日が経つにつれて従いお互いの仲は深まります。要は途中の難しい場面を乗り越えて、初めて暖かい春の日のような融和の喜びを迎えるのです。

己卯戌

1、この課は、すべて遠方への外出・旅行は阻害なく目的地に到着することができます。利益を生じる源と利益を得る喜びをつくるのです。

2、春風の中、優雅に川舟でわたるがごとく、出先において恵みの雨を得て良い心持ちの旅程なのです。

3、名誉利益ともに上がり、大吉兆になると占断できます。

4、待人は遠方より来て財福を招福するのです。

己辰亥

1、この課は、互いに知り合いの間柄ならばますます親しみは深くなり、浅い間柄でも今後、末永く心が通い合うような交際に至るのです。

2、訪問に対して二股をかけるようなことをするならば、交際は成立しないでしょう。

3、訪問すると、すでに先方に約束があるか、そうでなければ改めて約束する必要があります。

4、甲子日・甲申日ならば、すべてのことにおいて達成を見るのです。

5、突然の訪問は、不在かそうでなくとも面会は難しいのです。

6、来訪者は少ないのですが、遠方からの約束していた人の訪問はあります。

庚

庚午子

1、この課を得る時は、失踪者は西方にいます。容易に発見するのは難しく、また帰る意思もないので、長い間音沙汰はなく、発見は難しいのです。日時が経過すれば生死のほども明らかでなくなり、諦めるよりほか道がないのです。

庚未丑

1、この課は、成功を求めても未だ達成せず、よくよく誠意と辛抱をもって事を計るならば、遅くなったとしても目的は達成します。ひとたび順調に事が運ぶ時は、喜び事は重なり、万事天の助けを得て、貴人の引き立て援助を受ける兆しがあります。後援者を求めるなら必ず力となるのです。

2、目的を達成することは遅く、軌道に乗ればすべて順調に運びます。

庚申寅

1、この課を得る時は、官事・争訟などの件は小事ならば力を入れて争うには及びません。場合によって調停の意思がある時は、進んで応じるを可とします。
2、破財・失財及び面目を潰される兆しがありますが、雲晴れて美しく輝く月が現れ、すっきりと明瞭になる象です。

庚酉卯

1、この課は、誤って東方の悪霊に祟られ、病はしだいに悪化状勢をたどります。ただちに家庭内の鎮護を行い、同時に夕刻に湯茶を東方に供えて祟神を供養する時は、次第に回復に向かいます。寅日または申日に退散しますが、養生方法は鍼灸治療を良しとします。

庚戌辰

1、この課は、売買・交易・事業いずれも速やかならば、万事成果を上げることができますが、遅い時は利益がないのです。何事も急速に行い、怠惰を戒めます。東方の相手ならますます良好です。
2、目下・部下・後輩の者または従業員の失敗がありますが、些細な事に過ぎないのです。
3、商売は良好ですが、油断は禁物にして、あらゆる事に慎重に行動を取らなければなりません。
4、前途は明るいですが、永続性はなく、売る機会を待つのがよろしいでしょう。手持ち商品の買い手はありますが、速やかに決められない時は契約と違ったり手違いが起こります。

庚亥巳

1、この課を得ると、男児を妊娠し素晴らしい賢子を産みますが、出産は重いと見ます。常日頃の健康に油断が生じて身体に故障が出るために胎教を常に重んじ、安産を祈ることが肝要です。妊娠中に、遠出・転居や軽はずみな行動の兆しがあるゆえに行動を慎まなければなりません。

庚子午

1、この課は、財源を求めるにはとにかく他者の力を頼りにするのがよろしく、目的を達成しても、わずかばかりの成功に甘んじなければなりません。すべて他人に迷惑をかける兆しがあるので、このような時は何事も儚い夢となるのです。天の道理を守って素直に従う時は効果がありますが、自然の道理に逆らえば後悔を招くに至ります。

2、何事も先は険しく、誠意をもって事に当たれば、望みは思う通りになります。

3、資金・金融ともに順調ではなく、貸金は回収不可能なので再び金を貸すことは損となります。

庚丑未

1、この課は、音信は来ないのです。風声鶴唳《ふうせいかくれい》のごとく、いたずらに風の音や鶴の声を敵が来たと恐れおののく心細い象なので、思いを遠く馳せて山々と川が行手を遮る長い旅路になるのです。もし申日または酉日ならば、子日・辰日に良い音信が届きます。要するに占う日が申日・酉日以外ならば音信の望みはないと見るのです。

庚寅申

1、この課は、恋愛・婚姻の成立は至難の技で、すべて作り事と虚言が多く、真実はありません。結ばれたとしても恩は仇となり和合せず、互いに背きあうことになります。したがって夫婦互いに対立して不仲とならなければ生死別の憂き目があり、縁はなかったと一度考えてみることを要します。

庚卯酉

1、この課は虚しく終わるため、分別を欠いた行動をすれば結果災いが降りかかり、心身を苦しめます。動かず静かに過ごしていても災いを招きやすいので、少しでも動けば失費その他悪い事が起こります。古い考えやしきたり、習慣を守るに越したことはないのです。

2、外出・旅立ちは思い立っても身動きが取れないです。

3、待ち人は未だ家を出発していません。出掛けることが難しいのです。

庚辰戌

1、この課は、初めより自らを疑い、あるいは心焦り、または余計なことをいろいろ考えてしまい、訪問しても利益はなく、かえって誤解を受ける兆しがあります。

2、進退ともに決し難く、かえって結果は凶となりますが、幸にして先方と助け合い提携するに至れば、予想外の幸運を得るのです。いたずらに謀れば拙い策となり、物事の成就は成らないのです。

3、訪問しても不在のため目的は果たせず、後日の約束をして帰ることになります。

4、来訪は、相手が速やかならば訪ねて来ますが、遅い時は途中予定が変更して来ないのです。

庚巳亥

1、この課を得るときは、失せ物は誰かに盗まれた可能性があります。水辺や道路の下を横切る地下水路、橋の下または水中を捜索するのが良策です。また女性によって発見の可能性があります。盗んだのは一人の仕業ではなく、事情を知っている者と共同の仕業です。水中ならば深くにあり、少し困難ですが懸命に探索すれば必ず手元に戻るのです。

辛

辛未子

1、この課は、望み事や計画を抱いてもとにかく不利で、目的は達成することが難しいのです。古い習慣を固く守れば害はないのです。すなわち、波静かにして風浪やみ江海明月照らすのごとく穏やかな心境で時が来るのを待つべきです。

2、風波険悪にして川を渡るのが困難なので、目的を達成するのは厳しいのです。ただし意志強く気長に努力をすれば、後には成就するのです。

辛申丑

1、この課は、訴訟はいつまでも終わらず、節外に枝を生じるがごとく余計なことが広がっていく象なので、事件は多岐にわたる兆しがあります。何事も機先を制し物事の道筋をしっかりと決めて進めば、理由ははっきりと明確となるに至るでしょう。

2、他人より調停仲裁があれば、進んで解決に乗り出すことを良しとします。相当な費用と体力・精神力の消耗がありますが、今後倍々増加の傾向があるため、和解をもって結局勝ち将棋となるのです。

辛酉寅

1、この課は、女性の病患にして、東辺の土を動かし方災を招き、それに加えて多病を併発する恐れがあります。さらに病状は一時悪化して、家族に不安・恐れを生む象がありますが、病は大した心配を要しません。東方の土地神を祀り修繕し、土地を動かしたことを謝り、星辰を祭ることにより完治します。そうすることで家庭は元どおりに収まり、明るくすっきりとします。

2、大小にかかわらず入費失費がありとします。

辛戌卯

1、この課によれば、売買・貿易等初めのうちから成立して利益は出るのですが、取るに足らないことといえども心に油断なく経営することを肝要とします。新規のことをするならば、天の与える時期、有利な場所かどうかを見極めるべきで、軽率に事を行えば永久に費用を損耗するだけです。

2、売買ともに未だに時期ではなく、目先安値は近く安値でとどまります。商談は整いますが、大量の取引は不可能です。買うべき時期は近くにあります。

辛亥辰

1、この課は、優れているが実らず、枝重なり互いに傷つけあう象にして憂い・苦心未だ消えることがなく、常に心労があります。

2、神に穏やかかに無事で過ごせることを祈り、初めて吉となり子を授かるのです。

辛子巳

1、この課は、利益を求めて苦労困難にあうも結果、得られないのですが、自然の道理に従えば小さな財は手中に収めることができます。しかし財を得ても手に入れた財によってのトラブルが起こりやすく、あるいは他から嫉妬を招くに至ります。

2、何事も財・利益を求めて突然、憂いを招くため、静かにして動かないに越したことはないのです。

3、資金・借入金は小さい額は成り、大きな額は成就しません。貸金の回収は思うようになりません。

辛丑午

1、この課は、音信は来ず、前途来る可能性も薄く、先方は計画が失敗して行き詰まりが生じているのです。心悩み苦しまずに、万事我慢して時機の到来を待つべきです。日は斜めに傾き西山に近い状態なので、音信は来ないものと諦めが肝要です。

辛寅未

1、この課は、他人のために妨げがあって恋愛・婚姻は成立し難いのですが、もし申日・酉日に占断すれば成立を見るのです。

2、結ばれたとしても、初めはとにかく面白くなく、徐々にようやく落ち着き、後は仲睦まじく相和するに至ります。

3、よくよく注意しなければ、他人のために夫婦の和合を破壊される恐れを生じます。相性は吉凶半々、すなわち良いこと悪いこと半分の縁談です。

辛卯申

1、この課を得る時は、外出・旅立・待ち人とともにとにかく躊躇して進展しがたく、望み事・計画を進めようとしても遅々として運び難いのです。

2、待ち人は東方および北方の人は来るのです。西方・南方の人は約束しても約束を守れず来ないのです。

3、万事、真面目に固く守り慎重にならなければ、出費損耗を招きます。

4、何事も反応、返事は遅いとみるのです。

辛辰酉

1、この課を得る時は、目上・目下ともに会見は支障なく順調と見ます。

2、遠く別れてから、やっと会うことができる喜びのように、財を求めることや望み事・計画の相談はいずれも順調に整い、お互いに調和します。旧交を温めるに等しく、ただ春風に花開いて蝶が舞うごとく喜ばしく平和そのものの状態で面接は終わるのです。

3、訪問して嬉しい心持ちで面会でき、目的は達成します。

4、来客は約束をしていれば、遅れたとしても来ます。

辛巳戌

1、この課を得る時は、失せ物は家族や家を出入りする者の仕業であり、他人を疑う気持ちから外を探しても見つかることはありません。

2、家の東北の隅を尋ねて見つかるのですが、時によっては何も出てこないか、中身が空の場合があります。

辛午亥

1、この課は失踪にあたり、物を持ち逃げして金銭・品物は身に離さず、西方に去ります。西の方向を探索すれば早ければ捕まえることができます。遅い時は他人の手に渡ってしまいます。
2、器の小さい陰湿な人物の口喧嘩・争いに端を発するのです。

壬

壬申子

1、この課は、訴訟・官事とも明確な理由があるので、性急に事にあたらなくても良しとします。そのうちに解決の明るい兆しを見いだします。下水溝に汚水多く流れない状態ですが、時を得て水は流れて清くなるのです。
2、すべてに道理があるとしても、常識では説明できない、道理から外れていることをあらわしています。すなわち情をかけてはならず、心を動かしてはいけません。刑争はかえって将来有利になるきっかけをつくります。

壬酉丑

1、この課を得る時は、子供や老人の病患において子供は回復しやすいですが、老人は十中八九までは死別の憂いがありますから、良医良薬をもって看病に専念することが肝要です。

2、病状は憂慮する状況が続き、未だに決めかねる空気が漂っています。誠心誠意をもって先祖を祀り、神の功徳を施し、善徳を積み重ねれば神の助けがあり、平安を保ち得ます。

壬戌寅

1、この課は、商業・商売によって財を求めるには最も良好にして物事の道筋が理に適っています。さらに一致団結して協力を受けて財の望みは達成します。

2、売買すべて進んでよろしく、喜び事は重なります。

3、その時の心境で売買は思うままに決めてよろしいのです。手持品は買い手があり、品物を買い入れしようと思えば必ず購入は可能です。

壬亥卯

1、この課は、大いにめでたく吉兆にして妊娠すれば優れた賢子を得て母子ともに安泰を保ち非常な喜びを味わいます。貧富を問わず将来開運出世する男児にして家運は栄え孝行心厚い賢子です。

2、常に天の加護・助けを得るゆえに家族ともども信仰心が篤いことを望みます。

壬子辰

1、この課は、他人の援助を得て財を求めるによろしく、夏月ごろに能力を認められ厚い待遇によって財源を得ます。しかし、自分の力で財を求め利益を欲しても獲得は難しく、とにかく費用損となります。

2、さまざまなことが滞って発展の兆しがなく、まだ時期ではないので、むやみやたらに活動しても成功しません。よく考えて一歩下がる方針を良しとします。

3、南方より良い話や手厚い待遇を受ける話があって財源を得られることがあります。

4、貸金は南方・東方ならば回収は可能です。

壬丑巳

1、この課は、音信は到来せず、来たとしても遅いために何かと疑いが生じます。しかしながら便りが届いた後に来訪か帰宅の連絡があるのです。

2、十中八九はまだ音信が届く時期に達していないのです。

壬寅午

1、この課は、恋愛・婚姻の話し合いはよくても他人の中傷や妨害を受けやすく、せっかくの良縁も逃す兆候があります。夫婦ともに心を平静にして判断し、器量の小さい人の妨害中傷に心を痛めずに結婚すれば、一生仲睦まじく連れ添う夫婦の契りを得て安泰を得られます。要はお互いの決心次第で婚約の成立を見るのです。

2、他人から妨害を受けることがありますが、打ち勝てば問題はないのです。

壬卯未

1、この課を得る時は、旅行・引っ越し等は平安です。

2、待ち人は来ますが、やや遅延します。

3、すべての物事を急いで進めようとすれば目的達成の可能性は低く、時期を見計らい動けば成功します。待ち人は来ようと思っていますが、到着は遅いのです。何事も時期を待つことが肝心です。

壬辰申

1、この課は、訪問しても会うことは不可能です。もし会うことができても目的は達成することは難しく空虚に終わります。落ち着いて志気を養い、自宅で時が訪れるのを待つのが賢明です。

2、来客があるも、心定まらず予定の変更を見ます。

壬巳酉

1、この課を得て失せ物を占断する時は、家の中にあって外で紛失していないためにがっかりする必要はないのです。寅日に発見するのですが、もし見つからない時は発見できない可能性もあります。

壬午戌

1、この課は、心中悶々として憂い悩むことに耐えられず、逃げ出し遠方に行方をくらまし、他人のせいで自由を拘束されて苦しい体験をするか、心を惑わされ心身疲労の兆候があります。日時を経過して平静を取り戻し、壬日か酉日に音信が来るか帰宅するのです。

壬未亥

1、この課は、望み事・計画・財を求めること、いずれも初めは順調に進みませんが、次第に成果は上がるのです。求めるところ・望むところ・兆しに従って思っていたことが現実となって現れ、思いのごとく運ぶに至ります。貴人の引き立てや後援者が現れ、成就の端を発し、子日・丑日に占断すれば費用は少なく、目的はようやく進展を見るのです。

2、目的は達成して事に臨んで順調です。

癸

癸酉子

1、この課を得る時は、未だ病勢峠に達せず次第に進みつつあって憂いは去らないのです。病症は血・膿症であり、腹・胃腸・首・喉・眼の疼痛を生じるのですが、壬日・辰日に次第に症状が引いていきます。

2、良薬を服用し、病勢が上がりきった後は次第に軽くなります。北または南東の方向の良医、および北の方向の神仏に祈念すべきです。

癸戌丑

1、この課を得る時は、運勢・商売ともによろしく経営は順調にして思い通りに運ぶのですが、すべて早めに進める方針がよろしく、遅くなればなるほど大きな効果は得られないのです。

2、多くの人の引き立てにあい人気を得ます。自らも大いに力を尽くして奔走・活躍して利益はますます倍加するのです。

3、高値昂進の途中にあるので、目先一ヶ月以内は買いに出る方針で転売利入れするのがよろしく、商談は成立を見ます。急に進みますが、高値は長続きしないで下落に転換します。

癸亥寅

1、この課は、妊娠のことを鑑定する時は男児ができるのです。宝山の産地から玉の原石を産み出すごとく聡明な子供が誕生します。月は天の真ん中に輝く象なので、成育後は秀才にして大器の才を成します。出産の喜びは申・子・辰の日にあります。

癸子卯

1、この課は、貴人の後援・引き立てや兄弟・友人・同志の者の力によって財・利益を得るのです。目上や同志なら自己中心的なやり方でも満足できるような財源を得られますが、目下からの協力では力及ばずして頼りにもならないのです。

2、業務上、金銭貸借、出資、投資等いずれも深く考えることは必要とせず、進んでよろしいのです。

3、資金・金融は仲介者の介在によって成立し、貸金も人を立てて請求すれば後に回収は可能です。

癸丑辰

1、この課は、音信を待ちますが先方にて物事が滞り先に進まないので返事が来る望みはなく、待っていてもくたびれ儲けに終わります。

2、夕陽は西に沈み、心は悶々として冷ややかで淋しい気持ちいっぱいの象なので、万事諦めが肝要です。

癸寅巳

1、この課を得る時は、恋愛・結婚の話し合いは妨げがあって成立し難いのですが、貴人の仲立ちがあれば達成するのです。しかし結ばれて一緒になっても互いに気持ちは打ち解けず、円満を欠いて悩み苦しみます。

2、天を仰いでため息をつき、地に伏して激しく涙を流すのですが、貴人の助けと知恵を借りて、互いに誠心誠意をもって、愛情を育むよう努力する時は、はじめて春風が吹き、和やかな空気を運んで春の景色のごとくのどかで伸び伸びとした様子になります。

癸卯午

1、この課は、外出、旅行は遠近を問わずすべて徒労に帰して利益なく、世渡りの難しさを思わせます。常に無駄な出費が多く、名誉・利益ともに成し遂げ難いです。

2、待ち人は高い確率で来ません。もし来たとしても少しも益はなく、かえって労して損失を招くことになります。

癸辰未

1、この課は、訪ねてくる客がありますが縁はないので面会はできず、たとえ面会できたとしても目的はすべてにおいて成立しません。心を砕いて財を失い損失を招くだけなので、他の方策を考えるか、一人読書にふける方がかえって我身の徳となります。

2、来客があっても利益は少ないのですが、徳をもって迎えれば小さな利益があります。

癸巳申

1、この課を得て奈落の底に落ちるような失敗があるとすれば、近親者や親戚・友人・仲間の故意によるか、あるいは家にまつわる防ぎ難い原因があるのです。財産・物品の消費は重ねて起こりやすく、家の主人が苦しみを受ける恐れがあります。思いやりのある優しい心をもって善処するより道がないのです。

癸午酉

1、この課は、道理を忘れて、主人に背いて他人に恋して家出をしたのです。遂には音信がありますが、深く尋ねるには及ばず、自然に任すか捨て去るより道はないのです。

2、家庭が暗く先がわからない状態であることを憂います。家人の失踪は、尋ねるのは難しいとみるのです。しかして生死の行方を判断できないのです。

癸未戌

1、この課は、時の巡り合わせが未だ来ないので十計画しても九は成立はしないのです。人に任せてかえって損失や無駄な出費等による費用倒れが生じるのです。

2、時期が巡ってくるまであれこれ心配せず、急がず焦らず好運の到来を待つのが賢明です。将来は、一度幸運が来れば順風航路のごとく物事が順調に進む喜びを迎えます。

3、すべて目的は達成し難いのです。

癸申亥

1、この課は、官事や訴争一般のことはいずれも費用の消耗が多く、なおかつ心労や苦痛が重なるために恨みを抱くことに至ります。ただ友人の援助を待って善処すれば吉に変わります。

2、自ら精神を鍛え、品性・人格を高めて悩みを軽くしていき、失費を減らすように方策を考慮すべきです。

参考文献

天文易学六壬神課詳解　荻野泰茂　雄鶏社
六甲霊占秘法並に滴天髄・格局論抜忰　阿部泰山　阿部泰山命苑
中村璋八博士古稀記念東洋学論集　中村璋八博士古稀記念論集編集委員会　汲古書院
日本陰陽道書の研究　中村璋八　汲古書院
日本陰陽道史話　村山修一　平凡社
安倍清明撰『占事略決』と陰陽道　小坂眞二　汲古書院

諸葛孔明の知恵

孔明神卦

第一部　孔明神卦

第一章　実占において

孔明神卦とは

これは古来より中国に伝わる「諸葛孔明霊感神卦」といわれる有名な占易秘法です。その名の通り、今から約一八〇〇年前、中国の三国時代、劉備玄徳を補佐して蜀という国を興した有名な中国歴史上の大軍師、諸葛亮孔明により創出された占法です。

孔明先生はその伝えられるところによりますと仙人より「遁甲天書」の秘法を授けられ、上は天文より下は地理まで知らぬことのない文字通り大聖人ともいうべき人です。

中国で占術といえば「周易」が有名でありますが、この孔明神卦もその易の原理に則って構成されています。

ただ「周易占法」は深い教養と才能無くしては縦横に使いこなせないということと、会得するには長い間の研究、学習が必要とされる二点で、一般には流布しなかったのです。

しかし、時代は動乱期でそのような悠長なことを言っておられず、今日、すぐにでも吉凶の占トを必要とするような状況に即応する占術として、また一般民衆レベルでも使えるようなといった事情を考慮して創出されたと伝えられています。普通「周易卦」は六十四卦ですが、「孔明神卦」はわずか三十二卦で的確な答を出します。しかも卦を出すのに必要な筮具、および手順を必要とせず、わずか五枚の硬貨で占うという占法ですからいつでも、どこでも、そして誰にでも占える占術です。それを思えば乱世の時代に翻弄されずに、苦しいなかでも希望を持って生きよ、という孔明先生の民衆に対する深い慈悲の心を感じずにはいられません。どうぞ読者の皆様もその孔明先生の意を汲み、人生の決断の時に「孔明神卦」を繙き、幸福な道を歩いてください。

占いの方法

これより占いの卦の出し方を説明します。まず硬貨を五枚、用意してください。これは、五円硬化でも十円硬貨でも構いません。なるべく裏表が容易にわかる硬貨がいいでしょう。この時に裏表を決め、裏を陰、表を陽とします。この本では陰を●、陽を○と表記します。

占うにあたって両手を浄め、できれば香を焚いて部屋を清浄な雰囲気で満たして、心を鎮めます。そして占いたい内容を想いうかべて気持ちを集中してください。

次に占う前に「祝詞」を唱えます。

これは微声でも構いませんが必ず唱えてください。ここが他の占術と異なるところで、「孔明神卦」は占う人の技術よりも、いかに易神霊と意思を交流させるか、といったことを重視する占法です。要求されるのは一にも二にも占者の神霊に対する誠意です。はじめは難しい字句が並んでいるので大変でしょうが、慣れれば自然に口をついて唱えられるようになります。

占いの祝詞

伏義、神農、文王、周公、孔子聖人および鬼谷先生、翻卦童子、翻卦童朗および空中通過の一切の神祇、今私、〇〇地、姓名、〇〇年〇〇月〇〇日生まれ（ここに自分の住所、氏名、生年月日を入れる）今〇〇（占う内容を入れる）のことで憂疑未決、慎んで誠心誠意三十二課内において一課を占い吉凶禍福、成敗興亡、報応分明急々如律令。

誠意をこめて祝詞を唱え終わったら五枚の硬貨を両手の中に入れて、目のあたりで数回振り、机の上に静かに落とします。

次に落とした硬貨を下から順に並べてください。そして硬貨の裏表より陰陽と表記して卦を作ります。

これで、あなたの占う事物の解答の卦象ができあがりました。次に出ました卦を三十二卦の中から見つけだすわけですが、ここでは見つけやすく便利なように図で全卦を載せましたので、参考にしてください。

表一　卦象付き三十二卦（卦番号付き）

○○○○○	第一	星震卦（上上）	せいしんか
○●●●●	第二	従隔卦（上平）	じゅうかくか
●○●●●	第三	曲直卦（下平）	きょくちょくか
●●○●●	第四	潤下卦（中下）	じゅんかか
●●●○●	第五	炎正卦（下下）	えんじょうか

●●●●○　第六　稼穡卦（平平）かしょくか

○○●●●　第七　進求卦（上上）しんきゅうか

○●○●●　第八　進宝卦（上吉）しんほうか

○●●●○　第九　獲安卦（中吉）かくあんか

○●●○●　第十　遂心卦（中吉）ついしんか

●○○●●　第十一　災散卦（大吉）さいさんか

●○●○●　第十二　上進卦（上平）じょうしんか

●○●●○　第十三　暗昧卦（下吉）あいまいか

●●○○●　第十四　安静卦（下吉）あんせいか

●●○●○　第十五　阻折卦（下凶）そせつか

●●●○○　第十六　保安卦（中吉）ほあんか

○○○●●　第十七　喜至卦（中吉）きしか

○○●○●　第十八　保命卦（中平）ほめいか

○○●●○　第十九　猶豫卦（下下）ゆうよか

○●○○●　第二十　豊稔卦（中吉）ほうねんか

○●○●○　第廿一　得禄卦（上吉）とくろくか

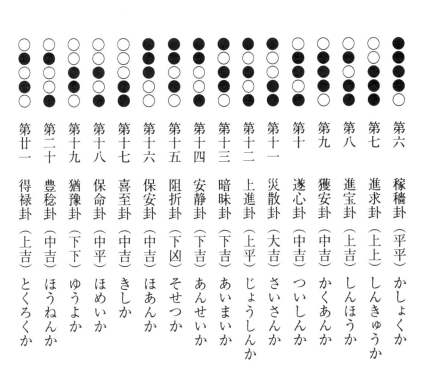

○●●○○　第廿二　明顕卦（中吉）めいけんか

●○○○●　第廿三　福禄卦（上上）ふくろくか

●○○●○　第廿四　凝滞卦（下下）ぎたいか

●○●○○　第廿五　顕達卦（上吉）けんたつか

●●○○○　第廿六　福源卦（中吉）ふくげんか

●○○○○　第廿七　太平卦（大吉）たいへいか

○○○●○　第廿八　顛険卦（不吉）しんけんか

○○●○○　第廿九　開発卦（中吉）かいはつか

○○○○●　第三十　英揚卦（中吉）えいようか

●●●●●　第卅一　無数卦（下下）むすうか

○●○○○　第卅二　光明卦（上吉）こうめいか

表二　吉凶対応表

一、上上（大吉）　1星震卦、7進求卦、23福禄卦
二、上吉　8進宝卦、11災散卦、21得禄卦、25顕達卦、27太平卦、32光明卦
三、中吉　9獲安卦、10遂心卦、16保安卦、17喜至卦、20豊稔卦、22明顕卦、26、福源卦
　　29開発卦、30、英揚卦
四、中下　4潤下卦
五、上平　2従隔卦、12上進卦
六、中平　18保命卦
七、平平　6稼穡卦
八、下吉　13暗昧卦、14安静卦
九、下平　3曲直卦、
十、不吉　28顛険卦
十一、下凶　15阻折卦
十二、下下　5炎正卦、19猶豫卦、24凝滞卦、31無数卦

運勢の見方

占った事柄に対する吉凶は「総断」を見ればわかります。この「孔明神卦」では特に率直に吉凶が述べられています。

まず「総断」をよく読み、その卦の告げている特徴、事象を掴んでください。そのうえで十一項目以降の事柄については「総断」より判断するしかありませんが「願意」と併せて読めば断はくだせると思います。

占いは一つの事項について一回だけにし、繰り返し占う場合は問う内容を変えてください。自分の納得するまでと、同じことを繰り返し占ったのでは神霊を冒涜することにもなり、また、乱れを生じますので、この点は必ず守ってください。

最後に各卦に載せている事項について簡単に説明しておきます。

【財運】・現在の財運、状況
【事業】・事業、仕事の状況
【就職】・就職、求職の成否

【就職】・就職、求職の成否
【学業】・受験、試験の当否
【恋愛】・異性とのつき合い
【婚姻】・結婚の成否
【家宅】・家、移転の吉凶
【旅行】・旅行に際しての吉凶
【健康】・病気、健康の安否
【失物】・失物の判断
【願事】・交渉、相談事の成否

第二章　全卦解説

第一　星震卦（上上）○○○○○

彩鳳呈祥瑞　麒麟降帝都　禍去迎福至　喜気映門楣

【総断】禍を去り、福を迎える卦。喜び事が近くに来る。出世栄達の卦。
この卦は、何にもまして大吉兆を示しています。今までは山あり、谷ありの様々な試練を経てきましたが、これからは充実した運に恵まれ、過去の色々な禍が去り、未来の輝かしい幸福がやってきます。また、あなたを助けてくれる良き協力者、理解者が現われ、その方々の援助で万事順調に運びます。

【財運】充分の利益を得られます。

【事業】業績よく上司よりの賞賛を得ます。地位向上します。

【就職】意外な方の引き立てを受け希望の役職につけます。
【学業】上々の成績をあげることができます。
【恋愛】お互いに好意を持ち、順調に恋愛が進みます。
【婚姻】双方ともに愛し合い、時間をかけずに半年以内に結婚します。
【家宅】購入、移転ともに妨げなし。吉です。
【旅行】事故、トラブル等に遇わずに大吉です。
【健康】問題ありません。病気時でも速やかに回復します。
【失物】意外な場所で見つかります。
【願事】事はスムーズに成就します。

第二　従隔卦（上平）○●●●●

従隔宜更変　時来合動遷　竜門魚躍遠　凡骨作神仙

【総断】改めて宜しい卦。何事も変化を意とする時に財福が開ける。

この卦は全般的に非常に活動的であり、新しい段階に飛躍する時期に来ていることを告げています。今までのあなたの考え方、行動に大なり小なりの変化が訪れますが、それは成功への第一歩、転換期と心得て恐れず進んでください。

【財運】八分位の利益が得られます。

【事業】計画は成功します。売買交渉は少々滞りますが、心配ありません。

【就職】七分程の希望は叶えられます。

【学業】成績は良好ですが、努力は必要です。

【恋愛】焦らず相手の気持ちが熟するのを待ちましょう。

【婚姻】双方ともに好意を持ちますが、焦って軽率な行動はいけません。一歩一歩の誠実さが実を結びます。

【家宅】環境を変え、心機一転して開運に向かいます。

【旅行】長期の旅行を除いて、二、三日の小旅行なら問題ありません。

【健康】ちょっとした傷を負ったり、風邪をひきますが大事ありません。

【失物】見つけ出すのは困難です。

【願事】ちょっとしたゆきちがい等生じますが叶います。

第三　曲直卦（下平）●○●●●

動用因風便　求謀可託人　若逢戊己土　事事可成全

【総断】他人に託して事を成すに宜しい卦。

この卦のポイントは「風の助け」です。ここでいう風とは他人の援助を示しています。あたかも薪が勢いよく燃えるのに風の助けがいるように、友人、知人、特に戊年、己年生まれの人が良きアドバイスをくれます。多少の苦労はありますが幸運はすぐ近くまで来ています。

【財運】収入より収出の方が多くややピンチ、ただ、将来に希望があるので辛抱しましょう。

【事業】耐えなくてはならない状況。そのうち、目上の人の助けで困難を乗り越えます。

【就職】時間がかかりますが望みは叶います。

【学業】希望通りの成績をあげることができます。

【恋愛】相手に対して誤解が生じ、心が乱れそう。こんな時は心を鎮め、相手を信じてください。

【婚姻】出足は鈍いですが、時がたつにつれ、双方の気持ちが高まり無事にゴールインします。

【家宅】吉です。何も問題ありません。

【旅行】旅行は必要なく、家に居て吉です。

【健康】病気はこじらせそう。

【失物】遠くない所にあります。物品は戻るも金銭は戻りません。

【願事】難航します。気長に努力すれば叶います。

第四　潤下卦（中下）●●○●●

船泛江湖内　門辺獲宝珍　更宜進大用　禍散福帰来

【総断】船を江湖に浮べている卦。進んで動けば大きな利益を得る。

この卦は何もない裸一貫から財を成そうと一生懸命に努力している様です。長い間の苦労が実り、その福分を得ます。目上、他人の引き立てにあい、今までの苦労、災厄がきれいになくなってその幸福を味わうことができるのです。

【財運】多少の辛労はありますが、八分位の利益が得られます。

【事業】新しい計画で昇進のチャンスが得られます。思い切り拡張して大丈夫です。
【就職】希望を達せられます。
【学業】成績は上々です。
【恋愛】現在、相手を得ず孤独ですが、貴方の相手はすぐ身近におります。
【婚姻】女性よりのプロポーズにより事はスムーズに運びます。
【家宅】吉です。新しい環境でも楽しく暮らせそう。
【旅行】仕事がらみの旅行プランは得をしそう。思い切って出かけましょう。
【健康】病気の時は鍼、灸、整体などの東洋医療も有効。
【失物】見つかるまでやや悩みそう。
【願事】成就します。

第五　炎正卦（下下）●●●○●

此卦按南方　災危不可当　公私不吉利　目下有小殃

【総断】事を新しく行うには宜しくない。旧を守るが吉の卦。

この卦は南方に災厄があることを表しています。それゆえにその方角への旅行、商談は気をつけてください。何事も不吉です。体調も万全でなく気も迷い気味ですので、この卦が出たら何事も控えめにして、運気の回復を待ちましょう。


【財運】空しい結果でしかありません。

【事業】自らの奢りでやりすぎて支持を失いがち（表面よく、内情に無理があります）。

【就職】望みは叶えられそうにありません。

【学業】第一希望は無理。第二希望で通ります。

【恋愛】曖昧な態度では誠意は通じません。

【婚姻】一方的な想いは後悔を招きます。

【家宅】移転する状況になりそうです。

【旅行】南方面以外なら差し支えありません。

【健康】養生して身を慎しまないと病がぶり返す憂いがあります。

【失物】東南を捜してください。貴重品は外出時に盗難に注意。

【願事】障害があり思うようにいきません。

第六　稼穡卦（平平）●●●●○

且守君子分　勿用小人言　凡事宜謹慎　作福保安然

【総断】謹慎して事を成すと福分が来る卦。君子の分を守り他人の甘言に乗らないように。この卦は善意のけじめをはっきりとし、君子の分を守ることを告げています。第三者の助言、アドバイスもありますが、ここでは軽率に判断しないように。現在は物事がうまく運びません。それゆえ、時期を待って何事も慎重に熟考のうえ、行動してください。

【財運】思わぬ出費で困窮しそう。計画は節度を持って。

【事業】嫌な事を押しつけられ不満だらけ、人に利用されますが、ただ忍耐、年内に転機があります。

【就職】目的を遂げられません。

【学業】試験運は宜しくありません。

【恋愛】恋は盲目とはいえ現実をみずに進みそう。性急な行動は悔いを残します。

【婚姻】婚姻に至るまで、多くの困難がありそう（成就しません）。

【家宅】近所との口舌に注意。

【旅行】慎重に計画して出かけるように。

【健康】体調の変化で憂いがありそう。

【失物】無くしたり、盗まれたりする恐れがありますが、戻ってきます。

【願事】成就できません。すぐには叶いませんが、忍耐努力して時期を待ちましょう。

第七　進求卦（上上）○○●●●

合家人安泰　利名両興昌　出外皆大吉　有福不成殃

【総断】至極安泰の卦。名利二つとも手中に収める。外に出ると大吉である。

この卦は大変充実した吉卦です。すべてが順調に運び、トラブルに遇っても大事には至りません。この状態を長く維持するポイントは、対人関係において柔らかく温厚を心がけ、周囲にもその福分をまわすことです。さすれば長らく幸運を保持できます。

【財運】充分の利益があります。実務以外の財は身に付きません。

【事業】あなたの個性、才能を発揮するチャンスがきます。

【就職】希望を達せられます。

【学業】実力を発揮して上々の成績を挙げられます。

【恋愛】焦らず、人徳を養っていれば近く理想の人に巡り会います。

【婚姻】良縁が複数舞い込みます。じっくり交際したうえで相性のいい人を選んでください。

【家宅】吉です。新築、移転などは開運につながります。

【旅行】年上の人との旅行は幸運を呼びます。

【健康】何も憂いはありませんが、春夏の季節は注意。

【失物】そう時間をかけず、西北方面で見つかります。

【願事】望みが叶えられますが、安心して調子にのらないように。

第八　進宝卦（上吉）○●○●●

好徳承天佑　門招喜気新　有人相助力　獲福尽歓欣

【総断】天の佑けを受ける卦。慶び事が門にせまっており、玉の輿に乗る悦びを得る。

この卦は嬉しい卦です。良い徳行は天の助けによるものであり、慶び事が門口まで来ておりります。運勢としてはまさに幸運が家の中に入ろうとしており、その徳で家中に慶び事が溢れることを示しております。このチャンスを逃してはいけません。


【財運】充分の利益が得られます。

【事業】順調ですが、一時の欲心に踊らされて手を拡げては危険です。自重してください。

【就職】予想以上の結果が得られます。

【学業】成績は良好で将来有望です。

【恋愛】双方意気投合して、早いうちに交際が始まります。

【婚姻】相手は理想のタイプ。喜びのうちに成就します。

【家宅】吉です。

【旅行】穏やかで順調な旅ができます。

【健康】問題ありません。病気時は静養と睡眠を心掛けてください。

【失物】ただちに捜してください（西方にあり）。見つかります。

【願事】人からの援助によって望みは叶います。

第九　獲安卦（中吉）○●●●○

目下如冬樹　枯木未開花　看看春色動　漸漸発萌芽

【総断】冬の枯木がいまだ花を咲かせぬと同じ。しかし春が来ると次第に芽をふく卦。この卦は今までは冬の寒さに震え、身動きもままならない枯木のような状態を表し、孤独の時です。しかし春が来て万物の活動が始まり、草木の芽を出していく。すなわち運が開け、今までよくなかったことが徐々に解消して道が開けてきます。

【財運】財運弱く何かと出費が重なりピンチ、倹約を心がけましょう。

【事業】多少の気苦労がありますが、ひたすら努力精進することにより打開できます。

【就職】遠方の方が吉です。

【学業】遠方の学校が良好です。

【恋愛】交際はゆっくり徐々に進みます。

【婚姻】じっくりと交際することにより、相手の美点を理解します。焦りは禁物。

【家宅】吉です。

【旅行】遠方がよろしい。

【健康】心配ありません。病気の時は焦らず養生しましょう。

【失物】時間がかかりますが見つかります。

【願事】あまり良くありません。（春にチャンスあり）

第十　遂心卦（中吉）○●●○●

時値融和気　衰残物再興　更逢微微雨　春色又還生

【総断】微雨に逢って春色が蘇る。凶は吉に変わり多年の計画も緒に就く卦。

この卦は和気藹々としたような温和な卦です。穏やかななかに発展の力強さがあります。一見役に立たなくて捨てたものが再び役に立つ。万物を生かす途が示されています。悪いことにあっても吉に化しますので疑うことなく進んでください。

【財運】見通しは明るく九分位の利益を得られます。

【事業】上司の引き立てを受け順調です。

【就職】社会的地位のある人にお願いすることにより目的を達することができます。

【学業】順調で何ら問題ありません。
【恋愛】双方意気投合し、結婚に至ります。
【婚姻】完璧な理想の相手とはいえないまでも縁は熟しています。
【家宅】吉です。環境を変え、生活を一新するのも吉です。
【旅行】将来好運に導くヒントがありそうです。
【健康】規則正しい生活をして健康を保ちましょう。病時も心配ありません。
【失物】自然に手元に戻ってきます。
【願事】気長に進む時。自然に叶います。

第十一　災散卦（大吉）●○○●●

災散福門開　喜気降臨来　月下相逢去　須当得横財

【総断】災禍が散り、幸福の門が開かれる卦。思いきって活動すると大利を得る。
この卦は文字通り災が消えて福運が訪れることを表しています。錦上添花と言って良いことの上にまた、良いことが重なる、そういった幸福が徐々に訪れてきます。そうした幸運を逃さないためにも思いきって行動することを心がけてください。


【財運】予想外の財運がありそう。

【事業】友人知人のアドバイス、援助によりいっそうの成功を実現します。

【就職】近日中に希望が通ります。

【学業】試験運に良好。

【恋愛】人からうらやましがられるロマンスがあります。

【婚姻】人の紹介により、交際は順調に発展します。

【家宅】平安です。

【旅行】楽しみながらの旅となり、予定より長引きそう。

【健康】心配することはありません。病気は快癒します。

【失物】家人の手により見つかります。

【願事】すぐには叶わねども気長に努力することにより、助力者を得て六分程の成就をします。

第十二　上進卦（上平）●○●○●

進取多随意　寒儒衣錦帰　有人占此卦　凡事任意為

【総断】故郷に錦を飾って帰る卦。日照りの苗が雨に逢うと同じく悦びを得る卦。
この卦は上に向かって進む兆しが出ています。万事が思うように達せられます。干魃にあった苗が枯れる寸前に恵みの雨で蘇生するような幸運に逢えます。ここで気を抜かず、もう一度発奮して勝利を掴んでください。

【財運】九分通りの利益が得られます。

【事業】上司、先輩等の助けにより順調に運びます。

【就職】早い程希望が達せそうです。

【学業】上々の成績を達せられます。

【恋愛】多くの異性と付き合う機会が増え、将来の伴侶と出会いそう。

【婚姻】複数の縁のなかで理想の相手を選ぶことになります。

【家宅】心配ありません（移転の必要はありません）。

【旅行】出費がかさむ旅行となりそう（大事ありません）。

【健康】問題ありませんが、喉、胃腸に注意。

【失物】西の方にて見つかります。

【願事】達せられます。

第十三　暗昧卦（下吉）●○●●○

井底観明見　見影不見形　銭財多失去　謹守得安寧

【総断】井戸の底から明月を観る卦。影を見て実体を見ない憾みがある。

この卦はあまり良い卦ではありません。何事も曖昧に、物事の見通しがはっきりと見えない状態です。万事控え目に抑えてください。他人より陰口を言われることもありますから、身を慎んでいましょう。

【財運】財運弱く、他人との関わりにより出費を余儀なくされそう、注意してください。

【事業】様々なトラブルが生じます。特に他者との感情的な衝突、中傷、陰口に注意。

【就職】他人の縁はあてにできません。自力でも難しそう。

【学業】困難がつきまといます。
【恋愛】双方、些細なことで口論、諍いが生じます。冷静に。
【婚姻】支障が出てまとまりにくい。決断は慎重に。
【家宅】当分控えて吉。
【旅行】出費多く、あまり楽しめそうにありません。
【健康】体調不良、回復するのに時間がかかります。
【失物】急いで捜すことです。
【願事】目的を達せられません。

第十四　安静卦（下吉）●●○○●

自心多不定　求謀未得成　忍耐方為福　守分免災星

【総断】気が多くて成し遂げにくい卦。忍耐して分を守って災を免れる。
この卦は静かに「時」を待つ。すなわち好機を得る時を待つことを示しています。現在のあなたはかなり無理をしています。その無理が危うい状況に追い込みをかけます。このような時は無理をしないで自己修養に努めて自己を高めつつチャンスを待ちましょう。


【財運】収入はありますが、意外な出費がありそう。

【事業】目上の人の誤解により、混乱しそう。また、貴方の粗雑な態度も批判を受けそう。

【就職】望みはありません。第二、第三希望で叶うかも。

【学業】第一希望は期待できません。

【恋愛】誤解より争いに発展しそう。

【婚姻】自ら進んで凶。人に頼んで好縁を待ってください。

【家宅】現状は止まって無難です。

【旅行】外出、旅行はよくありません。

【健康】平穏です。体の不良時は家相風水に関係あり。

【失物】見つけ難いです。

【願事】障壁多く、期待通りには行き難く五分通りの望みは達せそう。

第十五　阻折卦（下凶）●●○●○

枯木逢霜雪　驚心無可託　孤舟遇大風　百事不亨通

【総断】枯木が霜に逢った卦。孤立無援で取るべき人なく苦しむ。他人との争いより損失を被る卦。

この卦は大変悪い状況を示しています。嵐のなか、助けなく今にも転覆しそうな小舟といった感じで絶え間なく禍が打ちよせてきます。避けがたい状況ですから、ひたすら嵐の過ぎ去るのを待つしかありません。

【財運】出費多く、経済的に不足を覚えて困ることになります。

【事業】思いつきの行動は他に利を与え、自ら益することがありません。

【就職】妨げ多く望みは達せられません。

【学業】困難が発生し、試験運が良くありません。

【恋愛】相手の気の多さにより様々な行き違いが発生。失恋に終わるかもしれません。

【婚姻】阻害があってまとまりません（夏の季節が唯一のチャンス）。

【家宅】現状のままで吉です。時期不利です。

【旅行】良くありません。仕事上の旅行もできれば代わってもらった方が無難です。
【健康】調子よくなさそう。（春夏は特に注意）
【失物】戻りません。
【願事】叶えられません。

第十六　保安卦（中吉）●●●○○

日出照海四　光輝天下明　動用和合吉　百事総皆成

【総断】太陽が四方を照らし、光が遍く満つる卦。進んで動いて万事成る卦。この卦は太陽が東より昇って暗夜も終わりを告げ明るいなか、活動が始まることを示しています。過去の苦悩の時に終わりを告げ、まさに明るい日差しのなか、すべてが報われます。今、成功への第一歩を踏み出した時。がんばってください。

【財運】七分通りの利益があります。

【事業】七分程度の成果しかありませんが、諦めず勇敢に進めば理想に達せられます。

【就職】近いうちに希望が達せられます。
【学業】希望の成績が残せます。
【恋愛】自分の気持ちを信じて突き進んでください。
【婚姻】自然の付き合いのうちにゴールインします。
【家宅】吉です。（特に結婚しての新居を構えるのは吉です）
【旅行】問題ありませんが、天候の不順に悩みそう。
【健康】健康に問題はありませんが、睡眠不足に注意。
【失物】人を介して五日以内に手元に戻ります。
【願事】人の助けで叶います。

第十七　喜至卦（中吉）○○○●●

衆悪自消滅　福気自然生　如人行暗夜　今巳得天明

【総断】災難が自然消滅し、幸福が歩み寄ってくる卦。暗夜を行く旅人が夜明けになった悦びを得る。

この卦はちょうど夜明け前の様相を呈しています。今までいつ果てるともない闇のなか、苦しんできましたが、ようやく闇を抜け一息ついた状況です。これからは光のなか、存分に実力を発揮してください。


【財運】八分通りの利益を得ます。

【事業】自らの努力精進により賞賛を得ます。

【就職】近日中に貴人の引き立てがあって望みを達します。

【学業】上位の成績で希望の学校に合格します。

【恋愛】相手より好意を示され交際しますが、他よりの縁があり、ふたまたをかける恐れあり。

【婚姻】相性も良くて吉です。（長すぎる交際は禁物）

【家宅】何も問題ありません。

【旅行】楽しい旅行になりそうです。延期は不利。

【健康】薬に頼るより、日頃より体を鍛えましょう。

【失物】偶然の機会に見つかります。長引く時は戻り難い。

【願事】年長者の意見を聞くことによってスムーズに叶います。

第十八　保命卦（中平）○○●○●

服薬将身保　相連詞訟纏　凡事宜守旧　大福自然安

【総断】薬を飲んで身を保つ卦。何事も自然に順応して旧を守って万事吉の卦。この卦は運勢的には問題ありませんが健康問題等に多少の憂いが見られそうです。せっかくの幸運も味わうべき身体が不調では意味がありません。この状況の時は身を慎んで健康には注意して過してください。

【財運】無計画な行動は多大な出費を伴います。六分通りの利益を得られます。

【事業】無計画な行動は多大な損失を招きます。あくまでも手堅く勤めることにより成果をあげます。

【就職】少し時間はかかりますが適職を得ます。

【学業】勉強の成果がでて期待以上に好成績を得ます。

【恋愛】恋愛運は順調ですが、いきすぎた熱愛はトラブルを生じそう。冷静に。

【婚姻】やや纏まりにくいが数ヶ月後に貴人の紹介で意外な縁を結びます。

【家宅】大吉です。

【旅行】無事にできます。平安な旅行になります。

【健康】快後速やかで健康になります。

【失物】他人の手に渡って出難いです。

【願事】後になるほど容易になります。

第十九　猶豫卦（下下）〇〇●●〇

此卦内恍惚　銭財暗消磨　恩愛反成怨　心情不相和

【総断】ぼんやりしているうちに財を失う卦。恩愛の間に怨恨を残す混沌とした卦。

この卦は良くありません。状況が把握できないままに人に裏切られたり、財を失ったりといった出来事に逢います。混沌とした八方塞がりの様相を示しています。この卦が出ても自暴自棄にならず、心静かに陰徳を旨とし、早く凶運が去るよう心がけてください。

【財運】支出多く予定の半分も利益がありません。

【事業】対人関係に問題あり、良くありません。

【就職】望みは遂げられません。資格試験等努力して時期を待ちましょう。
【学業】宜しくありません。努力の割に不成績。諦めず、また、復帰してください。
【恋愛】誘惑が多く迷いが生じやすい時、注意してください。
【婚姻】理想の相手には逢い難く、阻害により機会を逃します。
【家宅】転宅を吉とします。現状を守って吉ですが、開運のため、吉方位取りも有効。
【旅行】日程、思うに任せず、危険困難に逢う。中止した方が無難。
【健康】病気の時に重くなるのを防がなければなりません。交通事故に注意。
【失物】人手に渡り見つけ難い。
【願事】叶いません。諦めて時期を待ちましょう。

第二十　豊稔卦（中吉）○●○○●

根深枝葉茂　樹多格式高　経商多関節　蘭蕙出逢蒿

【総断】空高くそびえる樹が根を張り、枝葉が繁る卦。一切の滞りなく充分に発展する。

この卦は稲が豊かに実っているように極めて明るい兆しが見えています。現在、あなたは本領を発揮する時に来ております。もう大丈夫です。仕事に、家庭に幸運が訪れ、末永く保持することができます。

【財運】八分通りの利益が得られます。

【事業】上司の引き立てを受け出世します。ただし、調子に乗って暴走しないように慎しみが必要です。

【就職】望みの職に就けます。

【学業】希望通りの成績をあげます。

【恋愛】相手と意気投合、相性のいいカップルです。

【婚姻】理想の相手を娶ります。

【家宅】吉です。理想の家屋を購入できます。

【旅行】大吉。意外な悦びに逢う。

【健康】暴飲暴食に注意すれば何も問題ありません。

【失物】遠くない場所で見つかります。

【願事】望み通り叶います。

第廿一　得禄卦（上吉）○●○●○

高名居福禄　竜禽得放生　出入多財宝　更宜出遠行

【総断】高名福禄豊かな卦。財物の出入り多く栄華の道はおのずから開ける卦。この卦は名を挙げて、福禄のうえに君臨できる良い卦です。全力をあげて栄光を掴んでください。その時に様々な形での援助があります。そういった方々の力を借りて、望みは近日中に達せられます。

【財運】財運良好のうえに意外な収入があります。

【事業】あなたのプランが実現され評価を受けます。ただし、やっかみに注意。

【就職】出世の端緒となって引き立てあり。

【学業】期待以上に好成績を得ます。

【恋愛】双方ともに好印象を持ち、付き合いが始まります。

【婚姻】成就します（春がよろしい）。理想の相手と順調に進みますがやや長引くことあり。ただし問題はありません。

【家宅】何も問題ありません（土地、家屋購入は吉）。

【旅行】予定通り順調に運び何も問題ありません。

【健康】喉と腹部に注意。大事ありません。

【失物】見つかります（貴重品は人任せにせず自己管理）。

【願事】機運高まり、期待通りの形で叶います。

第廿二　明顕卦（中吉）○●●○○

明月高天上　今宵照正円　千家沾徳澤　万里照無辺

【総断】明月が高く中空に澄んで周囲を照らす卦。財物栄誉、ますます加わる卦。

この卦は洋々たる未来が輝いている良い卦です。高く皓々と冴えわたる月の光で前途を照らし出し、万事が順調に運んでいます。この好機を逃さないように自信を持って進んでください。

【財運】八分通りの収入あり（意外な収入あり）。

【事業】上司の引き立てを受け対人関係に恵まれます。

【就職】人を介して容易にまとまります。

【学業】努力の結果がでます。成績に変わりなし。

【恋愛】気が合わず友人関係で終わりそう。

【婚姻】成就します（夏は避けた方無難）。

【家宅】仕事、商売上の移転は利益があります。

【旅行】吉です。男女合同の旅行は慎重に。

【健康】大事ありませんが、予防を心掛けてください。ほっておくと慢性化して長引きます。

【失物】知人の所にあります。

【願事】叶います。親しい知人に相談すれば便宜を図ってくれます。

第廿三　福禄卦（上上）●○○○●

福禄得安康　栄華保進昌　百事遂心意　千里共馨香

【総断】千里の遠き所まで名声が届く卦。福禄栄華は意の如く、成功の道は開ける卦。

【財運】大変良い卦です。福禄を得たうえ、健康も順調です。すべてにおいて順調に事が運び、願い事が叶うのでこわいくらいです。ここで有頂天にならず謙虚な気持ちで人と和を心掛ければ、幸運は尽きることを知りません。

【事業】九分通りに利益、収入があがります。多くの財は必要でありませんが、将来に備えての貯蓄も忘れずに。

【就職】新規の仕事はかなりの努力が必要ですが、それなりの結果は出せます。

【学業】人事を利用して吉。

【恋愛】良い。

【婚姻】うまくいきませんが失望しないでください。遠からず生涯の伴侶とめぐり逢います。

【家宅】現在進んでいる話が一番良いです（三月、十月頃が吉）。

【旅行】栄えます。

【健康】三月、十月以外は吉です。

【失物】上半身の怪我に注意。

【願事】見つかります。

叶えられます。

第廿四　凝滞卦（下下）●○○●○

今朝占此卦　推車上高山　前進有顛険　退後保平安

【総断】峻険な山道を重き荷を押して登る卦。災禍招きやすく万事旧を守って吉の卦。
この卦はたとえれば険しい山道に向かって重き荷物の車を押し上げるような状況で、進むも退くも一時の油断も許さない卦です。途中でひっくり返る危険もあり、進むより退いて平穏を保った方が賢明です。

【財運】出費がかさみ、憂いを生じます。

【事業】計画がうまく進まず、様々なトラブルが発生します。

【就職】達せられません。当分望みなし。目上の人に依頼して時期を待ちましょう。

【学業】すこぶる不成績になりそう。ヤケを起こしてはいけません。

【恋愛】双方の誤解によりお互いの誠意に疑問を持ちます。

【婚姻】成立しません。騒動的に決めてはいけません。慎重に。

【家宅】災いがあります。現状を守るべし。

【旅行】延期にした方が無難。強いて行けば損失を招きます。

【健康】身体が過労気味で不調。休息をしてください。

【失物】注意深く捜してください。時期を逃すと出ません。

【願事】叶えられません。諦めて時期を待ちましょう。五ヶ月後に好運の望みあり。

第廿五　顕達卦（上吉）●○●○○

三星得相伴　祥光得其生　更宜分造化　百福自然来

【総断】月の光が身に添っている卦。自福自然に生じ、栄達に意の如くなる。

この卦は慶びを仲良く分け合うような和気藹々とした様子を示しています。過去に不運で悪戦苦闘していた時期を思い、ともに苦労した方々にも充分の労りと報酬を与えてください。末永くのこの慶びを残すことができます。

【財運】九分通りの利益を得られます。

【事業】他よりの嫉妬、やっかみを受けますが、貴方の評価は上々です。

【就職】希望を果たせます。一年後に引き立てを受け出世の可能性あり。

【学業】今までの自分の努力を信じてください。努力相応の結果が出せます。

【恋愛】出会いの機会が多くありますが、その中の一人と将来をともにすることでしょう。

【婚姻】成就します。一、二、十一、十二月が宜しい。

【家宅】不動産購入も吉です。

【旅行】順調、快適な旅となります。

【健康】心配いりません。季節の変化で喉、腹部の病気に注意しましょう。

【失物】多忙のうちにどこかに紛れています。見つかります。

【願事】成就、大望は叶わざるも、応じたる望みは叶います。

第廿六　福源卦（中吉）●●○○○

此卦占太和　求謀喜事多　行人帰故里　身楽得懽歌

【総断】旅人が久しぶりに郷里に帰った卦。悦び事多く楽しい昔語りに花が咲く。長者の言葉に従うと出世早く、家内和合して福寿綿々の兆しがある。

この卦は大変和やかに物事が運び、物事に慶び事が多くある卦です。身も心も軽やかに、ことの成就します。事業や職場において心からの協力者が現れ、その助けのもと、一歩一歩と着実に栄光の頂点を登ることができます。

【財運】九分位の利益があります。強く押し進むのが良い。倹約を心掛けることにより安定します。

【事業】性急にならず着実な実績の積み重ねにより成功に向かいます。

【就職】最初は納得がいかないように見えても最終的に満足いく結果となります。

【学業】まずまずの成績です。良好な成績を残せます。

【恋愛】多情なあなたは、複数の交際相手の間で迷いがちです。誠意をもってつき合うことにより成功します。

【婚姻】周囲の人の賛同を得て成就します。日取は本年の後半がベストでしょう。

【家宅】適当な時期に移転があります。

【旅行】財運の基礎ができます。

【健康】季節の変わり目に注意、体調を崩しそう。

【失物】遅れますが見つかります。心あたりのある所を捜してください。

【願事】吉のうちに意外に早く物事が運びます。

第廿七　太平卦（大吉）●○○○○

霖雨滋稼穡　何愁不倍収　自然有快楽　作事永無憂

【総断】五風十雨の順調で心配なく豊作を楽しむ卦。

この卦は豊作物にたとえると大豊作を示す卦です。周囲の条件がすべてをそろい、天の恵み、地理等によって順調に育ち、豊かな穂を実らせます。何一つ煩わしい問題は起こることなく実りの収穫を向かえることができます。

【財運】七分通りの利益があります。

【事業】辛労が散じ、運気開けて今までの努力が実を結びます。

【就職】今は困難ですが間もなく就職できます。

【学業】努力の成果が出て好成績をおさめます。

【恋愛】人の集まりに積極的に参加することにより出会いが生じます。

【婚姻】成就します。意に沿わない縁は拒否しても次にいい縁の出会いがあります。

【家宅】吉です。移転は東方が吉です。

【旅行】順調に旅程が決まります。

【健康】体調は良好で病気も即快癒します。

【失物】程遠くない所で見つかります。西より南へかけて捜してください。

【願事】初め困難がありますが、目上の人の力を借りて努力すれば叶います。

第廿八　顛険卦（不吉）○○○●○

迢遞途中旅　途程日落山　驚心不可託　前後左右難

【総断】前後左右に難儀の降りかかる卦。日没後の旅の夜道を思わせる心細い卦。この卦ははっきりいって良くありません。たとえれば暗い夜道を光なく一人とぼとぼ歩いていている状況です。何が起こるかわからず不安をかかえています。こういう時は焦らず目上の先輩の意見に耳を傾け、先走らず一日も早く暗夜から抜け出てください。

【財運】次々とトラブルが生じ、出費がかさみます。こんな時は冷静に対応してください。

【事業】仕事運は順調ですが、対人関係に問題ありです。

【就職】希望は叶いません。時期を待つべし。
【学業】相当の努力をしないと希望は達せられません。
【恋愛】貴方の自分勝手な言行に相手は失望し別れることになります。
【婚姻】今の相手は気が合わずこのまま付き合えばお互いに後悔します。
【家宅】一年の前半は良くありません。現状を守るべし。
【旅行】不利、見合わせた方が良いようです。
【健康】病気時はすぐに治療しないとこじらせて長引きます。
【失物】多忙のうちに紛れ、見つかりません。
【願事】小事は成就しますが、大望は叶いません。

第廿九　開発卦（中吉）○○●○○

蚌中珠獻瑞　石内玉生光　進財宝望吉　有禍不成殃

【総断】災禍自然に免れ吉を得る卦。石に混じった珠が光を現す。

この卦は今まで忘れられた存在から頭角を現す時期に来ていることを示しています。不遇に埋もれたあなたがその才を見せ、評価される時が近い将来に来ています。もう大丈夫です。憂い事や心配事はなくなります。


【財運】苦労の果てに六分位の利益があります。

【事業】曖昧な判断が後々に災いを招きそう。決断した後は迷わず信じた道を進んでください。

【就職】ことのほか栄達が叶います。将来有望な地位を得るかも。

【学業】高望みは無理、実力相応に。

【恋愛】急いて相手を求めてはいけません。自然体が一番。

【婚姻】思いもかけない形で決まりますが、油断は禁物。

【家宅】吉。移転の必要はありません。

【旅行】快適な旅行になりますが、水難、女難に注意。

【健康】外出時の飲食は程々に睡眠不足により不調になりがち。

【失物】急いで捜せば見つかります。

【願事】他の援助、目上の引き立てありて叶う。

第三十　英揚卦（中吉）○○○○●

辺城将士勇　旌旗得勝回　功勲班師吉　門第有光輝

【総断】兵士勝戦で凱旋をするの卦。名を挙げ功績を称えられ名声四方に聞こえる。この卦は意気揚々と天をも衝くような状況を示しています。常に心正しく行動すればいかなる障害や災いも恐れることはありません。自信を持って着実に信じた目標に向かってください。

【財運】五分位の利益があります。

【事業】今一つ満足した結果をあげられない状況ですが、後に大躍進します。

【就職】今は不利ですが間もなく叶います。目上の人の紹介で理想の職につけます。

【学業】必ず上々の成績をおさめます。

【恋愛】第一印象にこだわり付き合う相手を間違えそう。冷静に判断しましょう。

【婚姻】何気ない付き合いより思いもかけず熱愛と発展して話はまとまります。

【家宅】家は問題ありませんが、学校、会社などの移転がありそう。

【旅行】東、南方が吉。少人数での旅行が吉。

【健康】心配することはありません。血行不順の憂いあり、適度に運動しましょう。

【失物】手元に戻り難い状態。

【願事】九分九厘叶います。

第卅一　無数卦（下下）●●●●●

宝鏡塵分明　白壁墜汚池　何日重出世　再得顯光輝

【総断】塵に埋もれた宝鏡、美珠が泥に汚されて世に出ない卦。

この卦は後退しなければ安全を保てない、危うい地点に来ていることを示しています。何事も前進しては危険です。努力してもすべて裏目に出てしまい困窮します。それゆえに後退して再起の機会を待ちましょう。

【財運】支出が多く益するところがありません。

【事業】なかなか成果があがりません。特に交渉、学業方面等対人関係は不利です。

【就職】困難です。急には望みなし。才能を磨いて時期を待ちましょう。

【学業】病気事故などの不慮の出来事により成績は良くありません。

【恋愛】相手はあまり貴方に好意をもたなそう。諦めた方が良さそう。

【婚姻】災いがあります。相手の日頃の行動を見直した方がいいかも。

【家宅】不安があります。現状維持が吉。

【旅行】中止して吉。行けば災いにあうでしょう。

【健康】病気は早期の内に治癒しないと、割と長引きそう。

【失物】捜しても手元に戻りません。何かに紛れたる後、人手に渡ってしまった模様。戻りません。

【願事】願い事は困難ありて叶いません。特に性急には無理。

第卅二　光明卦（上吉）○●○○○

風吹雲散尽　朗月満天中　広寒宮殿啓　丹桂贈青年

【総断】風が満天の雲を吹き散らし、皓々たる明月となる卦。今は苦しくとも後に楽しい生活に恵まれている。

この卦は光り輝くばかりに満ち足りた大変良い卦です。今まで暗雲に覆われていたのが春風によって雲が吹き払われ、輝く月の光を見せてくれます。今は苦しくとも序々に本来の楽しい喜びを味わう時が近づいています。

【財運】充分な利益があります。

【事業】上司の引き立てを受け、周囲の援助のもと順調に運びます。

【就職】望んだ結果が得られます。遅いが良い職につける。

【学業】満足のいく成績を残せます。

【恋愛】相方ともに好意を持ち仲が深まります。

【婚姻】多少の曲折を経ますが纏まります。

【家宅】災いなく平安に過ごせます。移転は年を越してからが吉でしょう。

【旅行】計画通りの旅行が楽しめます。

【健康】心配ありません。病気になってもこじらすことなく回復します。

【失物】西方で手に戻るかもしれません。

【願事】多少の時間がかかりますが無事成就します。

参考文献

以下の文献を参照させていただきました。紙上をもって感謝いたします。

「八陣の秘法」　高島正龍　著　ＪＤＰ出版
「活盤奇門遁甲精義」　高根黒門　著　東洋書院
「三元地理奇門遁甲通書」　黄炳章　編　指南堂（中華民国）
「孔明神卦」　泰明子　編　竹林書局（中華民国）
「実用易経」　台湾商務印書館（中華民国）
「気学即断要覧」　東海林秀樹　著　東洋書院

著者紹介

鈴木 禮《れい》

画家を志していたものの、占いの不可思議さに惹かれて、タロットをはじめ東洋占術の蘊奥を垣間見るべく日々研鑽を重ねている。

六甲占抄・付 孔明神卦

２０２２年10月26日 初刷発行
定 価――本体２、３００円＋税
著 者――鈴木 禮
発行者――斎藤 勝己
発行所――株式会社東洋書院
〒１６０―０００３ 東京都新宿区本塩町15―８―８Ｆ
電 話 ０３―３３５３―７５７９
ＦＡＸ ０３―３３５８―７４５８
http://www.toyoshoin.com
印刷・製本――モリモト印刷株式会社

ISBN978―4―88594―554―0